POLYGLOTT on tour

Côte d'Azur

Der Autor
Björn Stüben

W0073134

Unser E-Book-Code zur elektronischen Erweiterung des POLYGLOTT on tour. Das kostenlose E-Book enthält die im Reiseführer aufgeführten Adressen entlang der Touren, beispielsweise zu Essen und Trinken, Shoppen, Aktivitäten und Hotel-Tipps. Links auf einen externen Kartendienst vereinfachen das Auffinden dieser Adressen.

Mit großer Faltkarte
& 80 Stickern
für die individuelle Planung

www.polyglott.de

6 Typisch

20 Reiseplanung & Adressen

36 Land & Leute

SYMBOLE ALLGEMEIN

 Besondere Tipps der Autoren

 Aktivitäten und Erlebnisse
Spannende Anekdoten
zum Reiseziel

 Top-Highlights und
Highlights der Destination

50 Top-Touren & Sehenswertes

	TOUR-SYMBOLE		PREIS-SYMBOLE	
①	Die POLYGLOTT-Touren		Hotel DZ	Restaurant
6	Stationen einer Tour	€	bis 80 EUR	bis 35 EUR
①	Hinweis auf 50 Dinge	€€	80 bis 130 EUR	35 bis 60 EUR
[A1]	Die Koordinate verweist auf	€€€	über 130 EUR	über 60 EUR
	die Platzierung in der Faltkarte			
[a1]	Platzierung Rückseite Faltkarte			

Zeichenerklärung der Karten

▭	beschriebene Region (Seite=Kapitelanfang)
🔟 Ⓔ 🅷	Sehenswürdigkeiten
━④━	Tourenvorschlag

Autobahn
Schnellstraße
Hauptstraße
sonstige Straßen
Fußgängerzone
Eisenbahn
Staatsgrenze
Landesgrenze
Nationalparkgrenze

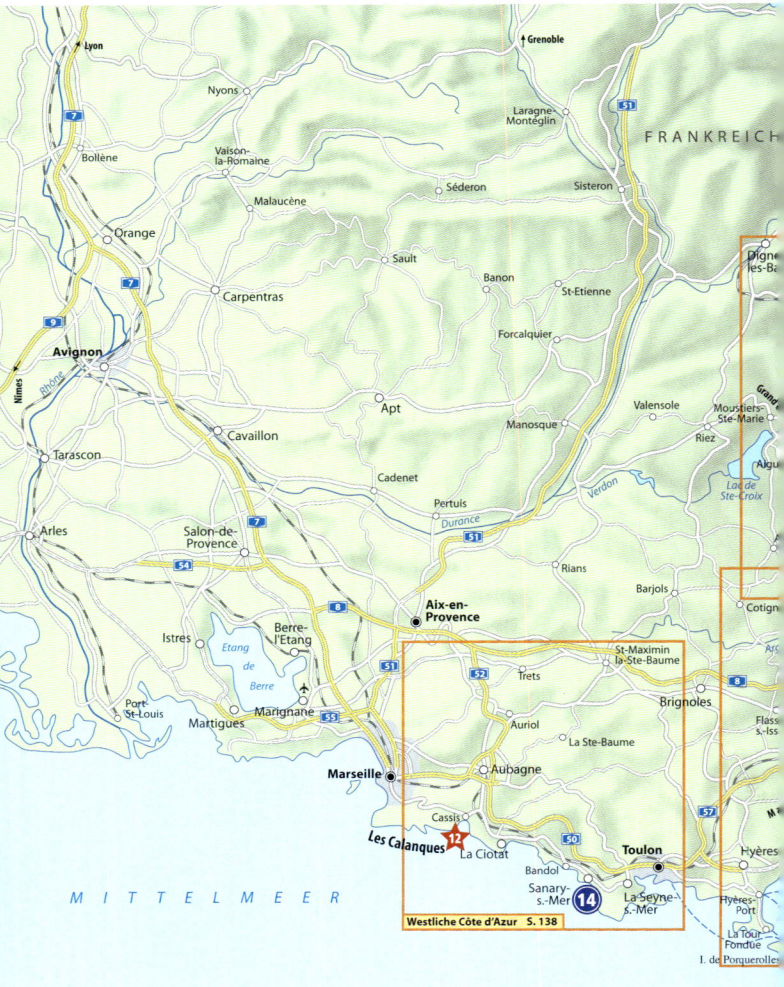

Top 12 Highlights

1 Touren-Start

Perfekte Planung Parallel Klappe vorne links aufschlagen

ITALIEN

ALPEN

Mondäne Küste und Hochprovence S. 88

Corniches und Seealpen S. 64

Nizza S. 52

Im Schatten der Küstengebirge S. 118

Le Pra Parc · P.N. · Stura di Demonte · di · Valdieri · Cima Argentera ▲ 3297 · Les Merveilles · St-Dalmas · La Brigue · Garessio

Allos · Auron · Isola 2000 · Mercantour · St-Sauveur-s.-Tinée · St-Martin-Vésubie · Roya · La Giandola · Genova

National · du · Beuil · La Bollène · Imperia · A10

St-André-les-Alpes · Annot · Puget-Théniers · Touët-s.-Var · Var · Sospel · La Giandola · San Remo

rrème · Entrevaux · Mgne. du Cheiron 1778 · St-Martin-du-Var · Roquebrune · Ventimiglia · Bordighera

Castellane · Gréolières · La Turbie · Menton · Cap Martin · Monaco

Le-Logis-du-Pin · St-Vallier-de-Thiey · Vence · St-Paul · Eze · Beaulieu-sur-Mer · Villefranche-sur-Mer · Cap Ferrat

Comps-sur-Artuby · Grasse · Nice · Nizza

Draguignan · Mandelieu · Cannes · Antibes · Cap d'Antibes

Le Muy · Théoule-sur-Mer · Miramar · Côte d'Azur

Fréjus · Le Trayas · Massif de l'Esterel

St-Raphaël · La Garde-Freinet · Ste-Maxime · Port-Grimaud · St-Tropez

Grimaud · Collobrières · Ramatuelle · Cavalaire s.-Mer

La Môle · Cavalière · Lavandou · Îles Hyères · I. de Port-Cros

N

0   30 km

9 · **1** · **2** · **3** · **5** · **6** · **17** · **15** · **4** · **5** · **2** · **3** · **7** · **8** · **16** · **6** · **7** · **10** · **11** · **12** · **13**

Blick über Roquebrune
zum Cap Martin

TYPISCH

Die Côte d'Azur ist eine Reise wert!

Ihren Namen »azurblaue Küste« trägt sie zu Recht – doch es gibt noch viel mehr zu entdecken. Die Region ist extrem facettenreich mit vielen versteckten Schönheiten und einem malerischen Hinterland.

Der Autor **Björn Stüben** lebt mit seiner Familie in Paris. Er promovierte in Kunstgeschichte und leitet heute Studienreisen, sowohl in seiner Wahlheimatstadt als auch an der Côte d'Azur und in anderen Regionen. Über Neuigkeiten aus Frankreich und Paris berichtet er vor allem in Rundfunkbeiträgen und Artikeln. Björn Stüben ist auch der Autor der POLYGLOTT on tour Paris und Korsika.

Am liebsten nähere ich mich, von Paris kommend, der Côte d'Azur auch heute noch mit dem Zug wie vor vielen Jahren, als ich das erste Mal hier eintraf – damals gab es allerdings noch einen gemächlich dahinrollenden Nachtzug. Noch immer ist es wie eine Offenbarung: Kurz vor St-Raphaël tauchen der Küstenstreifen und die endlose, beruhigende Weite des Mittelmeers auf. Azurblau das Wasser – genau so, wie es der Name dieser Küste vollmundig verspricht. Östlich von St-Raphaël dann ziehen abwechselnd winzige Buchten zur Rechten und schroffe Felsen aus dunkelrotem Porphyr zur Linken am Zugfenster vorbei. Grandioser als mit diesem Urgebirge, dem Esterel-

Rote Porphyrfelsen im Massif de l'Esterel

In Nizza angekommen, schlendere ich gerne über den Strand, ...

Massiv, das die weit gestreckte Bucht von Cannes im Westen begrenzt, lässt sich eine Reise an die Côte d'Azur kaum beginnen.

Richtig angekommen bin ich dann, wenn ich mich an einem Vormittag im Marché Forville in Cannes, einer Art-déco-Markthalle, ins Geschehen stürze. Der Markt ist nach allen Seiten hin offen. Hier ist es schattig, und ständig weht eine kühle Brise durch die bunten Obst-, Gemüse-, Geflügel-, Fisch- oder Gewürzstände mit Bergen von Oliven oder Schüsseln voller Tapenade. Gegen Mittag bilden sich meist Schlangen an einigen Ständen, denn die Einheimischen sind wählerisch und wissen genau, wo sie die besten Zucchini mit ihren sonnengelben Blüten zum Frittieren finden oder das Passende für ihre *petits farcis,* die kleinen gefüllten Gemüse. Draußen brennt die Sonne auf den Asphalt, und die Marktmüden erholen sich neben ihren Einkaufs-

taschen in einem Café, gerne schon bei einem Pastis. Man nimmt sich hier die Zeit. Cannes ist eben mehr als nur die Croisette mit ihren Luxusboutiquen, dem Festivalpalast und den blendend weißen Fassaden der Palasthotels, die nur wenige Gehminuten entfernt sind.

Natürlich reizt mich auch immer der legendäre Ruf der Côte d'Azur als mondäner Küstenstreifen, von dem schon die Geschwister Mann Anfang der 1930er-Jahre schwärmten. Für sie war die Riviera »Legende von Luxus, Glanz, rollender Kugel, Hermelinpelz und Champagnerseligkeit«. Kein Problem, sich auch heute hier hineinzustürzen. Nur auf ein Glas, mehr ist zu kostspielig, setze ich mich leidenschaftlich gerne in die überladen dekorierte Lobby des Hôtel de Paris in Monte Carlo und stelle mir die Frage, was die Schönen und Reichen eigentlich noch ins Minifürstentum Monaco zieht. Steuerparadies ist es

... während meine Frau sich nach dem passenden Outfit umsieht.

Das Eis ist köstlich. Ich esse eigentlich alle Sorten gern

antiken griechischen Vorbildern der Insel Delos. Der Bau ist heute ein Museum, aber wenn ich ihn besuche, streift in meiner Fantasie der frühere Hausherr immer in antiken Gewändern durch die lichtdurchflutete Villa mit ihrem edlen Mobiliar aus Zitronenbaumholz.

Ganz andere Gedanken kommen mir, wenn ich, um dem permanenten Stau an der Uferstraße zu entkommen, den Weg nach St-Tropez übers Wasser nehme. Das einstige Fischerdorf lässt sich ideal mit dem Linienboot von St-Raphaël aus erreichen. Bei der Hafeneinfahrt interessieren mich weniger die teuren Motorjachten, die sich protzig in der ersten Reihe direkt am Kai drängeln, sondern eher die kleinen Segelboote. Sie werde ich nämlich gleich aus einer anderen Perspektive wiedersehen – auf den Leinwänden postimpressionistischer Maler im kleinen, aber erstklassigen Musée de l'Annonciade in einer ausgedienten Kirche neben dem Hafen, meinem Favoriten unter den vielen Kunstsammlungen an der Côte.

Wie wäre es wohl, mit einem dieser Boote die Küste entlangzufahren? Die Traumstrände bei Ramatuelle oder die mächtige Steilklippe des Cap Canaille an sich vorbeizuehen zu lassen? An der Côte d'Azur bleibt noch genügend zu entdecken. Wie hatten die Manns es doch auf den Punkt gebracht: »Gesegnetes Frankreich, mit Paris als Hauptstadt und dieser Mittelmeerküste als Badestrand!«

wohl noch, doch das Casino hat viel vom früheren Glanz verloren. Geld wird hier v. a. mit Banken und Immobilien gemacht. Etwas nostalgischer gestimmt, sitze ich auch gern in der holzvertäfelten Bar »Le Relais« des extravaganten Palasthotels Negresco in Nizza und male mir die Epoche aus, als vor allem der europäische Adel die strengen Winter der Heimat gegen das milde Klima der Côte d'Azur eintauschte.

Auch ich habe schon an einen 1. Januar auf dem Cour Saleya in Nizza in der Sonne meinen Café getrunken. Warm angezogen natürlich – aber wo sonst in Frankreich kann man sich auf diese Weise vom Silvesterabend erholen?

Ich kann auch gut verstehen, dass sich vor knapp 100 Jahren ein schwerreicher Archäologe eine kleine Landzunge in Beaulieu aussuchte, um hier seinen Spleen auszuleben. Die Côte d'Azur und ihr Klima waren wie geschaffen dafür, an dieser Stelle seine Villa Kerylos zu errichten, originalgetreu nach

Reisebarometer

Was macht die Côte d'Azur so besonders? Vom Klima verwöhnt, einst vom europäische Adel belagert, von Künstlern wegen ihres klaren Lichts favorisiert, heute noch die sonnigste Ecke Frankreichs: Die Côte d'Azur ist ein Urlaubsklassiker.

Abwechslungsreiche Landschaft
Atemberaubende Küste, Naturparadiese im Hinterland

Kunst und Kultur
Enorme Museendichte, grandiose Privatsammlungen

Kulinarische Vielfalt
Provenzalische Küche mit norditalienischem Einschlag

Spaß und Abwechslung für Kinder
Strandleben, Kanufahrten im Hinterland, riesige Fun-Bäder entlang der Küsten und Radeln auf den Inseln

Shoppingangebot
Große Auswahl für jeden Geschmack und Geldbeutel

Abenteuerlust und Entdeckergeist
Baden in eiskalten Bergseen oder bronzezeitliche Felszeichnungen aufspüren gehen

Sportliche Aktivitäten
Klettersteige in den Bergen, Rafting auf dem Verdon-Fluss

Geeignet für Strandurlaub
Versteckte Badebuchten, kilometerlange Kiesstrände

Pittoreske Orte
Bergdörfer, die wie Adlerhorste auf Felsspitzen sitzen

Preis-Leistungs-Verhältnis
Günstiger ist es abseits vom Touristentrubel an der Küste.

● = gut   ● ● ● ● ● ● = übertrifft alle Erwartungen

50 Dinge, die Sie ...

Hier wird entdeckt, probiert, gestaunt, Urlaubserinnerungen werden gesammelt und Fettnäpfe clever umgangen. Diese Tipps machen Lust auf mehr und lassen Sie die ganz typischen Seiten erleben. Viel Spaß dabei!

... erleben sollten

(1) Spektakulärer Überblick: die Côte aus der Vogelperspektive 10, 20 oder 30 Minuten über den Küstenstreifen fliegen? Helikopter mit Startplatz in Monaco [H2] machen es möglich (www.heliair monaco.com, ab 60 € pro Person).

(2) Übernachten in klösterlicher Abgeschiedenheit Dem Trubel entfliehen? Der hl. Honoratus hat sich hierfür bereits vor über 1000 Jahren entschieden und zog sich auf eine kleine Insel vor Cannes zurück, die heute seinen Namen trägt › S. 99. Hier bieten die Mönche Übernachtungen in ihrer Abtei an, gemeinsame Mahlzeiten mit Schweigegebot inklusive (hotellerie@abbayedelerins. com, ab 40 €, mind. 2 Nächte).

(3) Kreativität mit der Nase Bei Galimard in Grasse › S. 106 kann man unter Anleitung professioneller Parfümeure einen eigenen Duft kreieren und ihn im 100-ml-Flacon dann mit nach Hause nehmen (Le Studio des Fragrances, 5, rte. Pégomas, www.galimard.com, 53 €).

(4) Flanieren auf zwei Rädern Die Promenade des Anglais in Nizza › S. 57 ist lang; geräuschlos auf einem Segway hier entlangzugleiten aber kein Problem – sehen und gesehen werden garantiert (Mieten: Mobilboard, 2 rue Halévy, 9.30 bis 13 und 14–19 Uhr, 65 €/Tag).

(5) Sonnenbaden auf dem Fahrradsattel Erobern Sie sich die Île de Porquerolles › S. 137 mit dem Mietrad: im Westen lockt ein Bad am Plage d'Argent; vom Leuchtturm (Phare) hat man einen herrlichen Blick aufs offene Mittelmeer. (Radverleih: »Porquerolles à vélo«, rue de la Douane, gegenüber Hotel Les Medes, 15€/Tag, www.porquerolles avelo.com).

(6) Ein Glas Pastis in der Linken, eine Kugel in der Rechten Am späten Nachmittag trifft man sich im Schatten der Platanen auf der Place des Lices von St-Tropez › S. 130 zum Pétanquespiel. Verfolgen Sie es mit größtem Interesse, vielleicht dürfen Sie dann mitspielen. Ansonsten gibt es die »Boules« (Kugeln) auch günstig in Sportgeschäften zu kaufen, und ein sandiger Platz findet sich immer.

(7) Schluchtenpicknick Schon die Fahrt auf der Route des Crêtes auf der Nordseite der Verdon-Schlucht ist atemberaubend und macht Lust auf ein Picknick ganz unten am Fluss. Am Chalet de la Maline › S. 111 parken und absteigen über den Wanderweg GR 4 (rot-weiß markiert). Nach knapp einer Stunde steht der Picknickkorb 350 m tiefer am Ufer des türkisfarbenen Verdon.

⑧ »Casino Royal« für jedermann Sicher, James Bonds Einsätze am Roulettetisch waren immer die höchsten, aber auch in den öffentlichen Spielsälen des Casinos von Monte Carlo › S. 73 stehen manch einem Schweißperlen vor Spannung auf der Stirn. Beobachten Sie Glückspilze und Verlierer bei ihrer Passion (Eintritt ab 12 €, ab 14 Uhr).

⑨ Kajak oder Elektroboot? Gemütlich oder mit Muskelkraft kann man den Lac de Sainte-Croix › S. 112 am Eingang zur Verdonschlucht vom Wasser aus erkunden. Höhepunkt: die Einfahrt in die Schlucht (Verleih: Ecole de voile La Cadeno, an der D 957 im Norden des Sees, ab 15 €/Stunde).

⑩ Beinahe wie in der Karibik Eine bunte und unberührte Unterwasserflora und -fauna fasziniert am »Unterwasserpfad« (*sentier sous-marin*) am Plage de la Palud auf der Insel Port-Cros › S. 137. Seine Schnorchelausrüstung sollte man aber selbst mitbringen (ca. 40 Min. Fußmarsch vom Bootsanleger).

⑪ Marktgewimmel Bunt und duftend geht es an den Marktständen am Cours Saleya › S. 59 in Nizzas Altstadt zu, und kurz vor Mittag

Boulespieler in St-Tropez, Place des Lices

stellt sich vielleicht Appetit ein. Die *socca*, ein hauchdünner Fladen aus Kichererbsenmehl, hilft da bestimmt. Wo sich Menschentrauben bilden, wird er frisch gemacht.

… probieren sollten

⑫ Weinraritäten Nur 50 ha groß ist das AOC-Anbaugebiet Bellet nördlich von Nizza. Die seltene Traube Rolle verleiht den Weißweinen den Geschmack von Bergamotte und Zitrusfrüchten, aber auch Rote und Rosés sind zu haben. Am besten direkt auf dem Weingut Domaine de la Source › S. 63 verkosten (ca. 20–30 € pro Flasche).

⑬ Stachelig auf den Teller Picasso liebte es, sie zu schlürfen, frisch aus dem Meer geholt und am besten direkt am Hafen von Antibes: die Seeigel (*oursins*). Wer nicht tauchen will, findet sie am einfachsten samstagmorgens auf dem Marché Forville von Cannes › S. 97.

Aus dem Geschäft an der Place des Lices in St-Tropez kommt die Original-Tropezienne

(14) Süßer geht's nicht Zuerst kandiert und dann glasiert, hier werden Esskastanien zu Stars, zu *Marrons glacés*. Besonders gut von der Confiserie Azuréenne › **S. 134** in der Kastanienhochburg Collobrières.

(15) Natürlich wieder die Italiener Wer denkt nicht beim Eisessen an italienisches *gelato*. Und wer macht in Nizza das beste? Natürlich Fenocchio › **S. 56** neben der Kathedrale – unschlagbar das Pinacolada-Sorbet (2, place Rossetti).

(16) Ein Hauch von deutschem Bienenstich Etwas luftiger und mit einem lockeren Briochemantel kommt sie daher, die berühmte Tarte Tropezienne. Am besten natürlich an ihrem »Geburtsort« probieren › **S. 132**.

(17) Ein Muss für Pasta-Fans Wie *Barbajuan*, eine mit Ricotta und Mangold gefüllte Teigtasche, zu ihrem Namen »Onkel Johann« kam,

bleibt ein Rätsel. Ursprünglich aus Monaco stammend, isst man sie aber besonders gerne im benachbarten Menton. In der Maison Martin & Fils [J2] dort sind sie unwiderstehlich (7, rue des Marins, Tel. 04 93 35 74 67, www.martin-et-fils-restaurant06.fr).

(18) Lauwarm und mit viel Knoblauch *Aïoli*, das überall in Südfrankreich lauwarm servierte Gericht mit Kabeljau, Karotten, grünen Bohnen, Ei, Kartoffeln und der Knoblauchcreme, schmeckt besonders gut im L'Écurie in Nizza › **S. 62**.

(19) Mal etwas anderes Die *secca* wurde von einem Metzger in Entrevaux › **S. 114** erfunden. Heute gilt dieser getrocknete Schinken als lokale Spezialität, die man natürlich am besten beim Meister selbst, Robert Lovera, kauft (Place Charles Panier). Köstlich leicht getrüffelt mit reifen Tomaten und Parmesan.

(20) Immer der Nase nach Die ovalen *Fougassettes* aus Briocheteig werden mit Orangenblüten verfeinert. Kein Wunder, dass sie in der Parfümstadt Grasse erfunden wurden. Man findet sie oft an der Côte d'Azur, bei Venturini › **S. 108** gibt's aber die Originale.

(21) Hauptsache gefüllt *Petits farcis*, kleines, mit Hackfleisch gefülltes Gemüse, gibt es vor allem in Nizza beinahe an jeder Ecke. Vielleicht dort mal bei La Table Alziari [c3] versuchen (4, rue François Zanin, Tel. 04 93 80 34 03) .

… bestaunen sollten

(22) Fernglas dabei? In schwindelnder Höhe klebt das *Village perché* Gourdon › S. 108 einsam auf einer Felsspitze. Die Aussicht auf die Küstenlinie der Côte ist atemberaubend, vor allem frühmorgens bei klarem Wetter.

(23) Hüttenzauber Le Corbusier liebte das einfache Leben. Das zeigt seine simple, 10 m^2 kleine Hütte am Cap Martin › S. 83. Spazieren Sie zum Cabanon des Meisters und genießen Sie von dort den Blick aufs nahe Meer (Sentier Le Corbusier, 06190 Roquebrune-Cap-Martin).

(24) Zeitreise in die Antike In der Villa Kerylos › S. 45 in Beaulieu erfüllte sich der Altertumsforscher Reinach seinen Traum der griechischen Antike. Marmorsäulen im Innenhof, Repliken griechischer Statuen und ein Traumblick aufs Mittelmeer – die perfekte Illusion.

(25) Ein Juwel moderner Kunst Die Anlage der Sammlung Maeght › S. 46 ist ein Meisterwerk für sich. Auch wer sich sonst nicht so für Kunst interessiert, wird von dem bunten Gartenlabyrinth mit Skulpturen u. a. von Joan Mirò und Alberto Giacometti begeistert sein.

(26) Palast für die Unterwasserwelt Prinz Albert I. war vernarrt in die Meeresfauna und setzte ihr ein steinernes Denkmal. Kronleuchter in Form von Riesenquallen oder Treppengeländer wie Oktopustentakel sind im Ozeanografischen Museum von Monaco › S. 72 zu bewundern – Aquarien gibt es dort natürlich auch.

(27) Glanz der Vergangenheit Anfang des 20. Jhs., noch in der Zarenzeit, finanzierten steinreiche Russen Nizzas prunkvolle russisch-orthodoxe Kathedrale › S. 58. Besonders beeindruckend im reich geschmückten Innenraum ist die Ikonostase am Ende des Chors.

(28) Einmal Palasthotel Allein die riesige Belle-Époque-Lobby des Hôtel de Paris in Monte Carlo › S. 76 lohnt den Besuch. Leisten Sie sich einen Cocktail in der Bar americain und lassen Sie die illustren Hotelgäste an sich vorbeidefilieren.

(29) Picassos Tonnengewölbe Selten ist man näher dran an einem Werk Picassos. In der Kapelle von Vallauris › S. 100 lässt er die Friedenstaube und die Allegorie des Krieges am Gewölbe direkt über unseren Köpfen entlangziehen.

(30) Kunst der Glasbläser Sie sind weit über die Grenzen der Côte d'Azur hinaus bekannt, die mundgeblasenen Gläser aus Biot › S. 104 mit ihren eingeschlossenen Luftblasen – rustikale Klassiker.

(31) Wunderbarer Zug Die atemberaubende Berglandschaft der Seealpen an sich vorbeiziehen lassen, ganz ohne sich mit steilen Sträßchen und Haarnadelkurven abmühen zu müssen? Ganz einfach im Train des Merveilles › S. 86 von Nizza nach Tende!

32 Defilee der Luxusjachten Neben St-Tropez und Cannes sind sie vor allem im größten Jachthafen der Côte d'Azur in Antibes [G3] zu bestaunen, die Motorjachten der Superlative. Wer hat den dezentesten Hubschrauberlandeplatz an Deck? Entscheiden Sie selbst …

… mit nach Hause nehmen sollten

33 Olivenöl mit Zitrone Das mit der in Menton allgegenwärtigen Zitrone verfeinerte Öl ist eine Spezialität, die man am besten in der Huilerie St. Michel [J2] kauft (5, rue de Bréa). Mit diesem Duft in der Nase bleibt die Côte d'Azur noch lange im Gedächtnis lebendig.

34 Raffiniert verpackt Schon 1820 präsentierte der Zuckerbäcker Henri Auer in Nizza › S. 63 seine kunstvollen Schokoladenkreationen. Sie sind immer noch eine Sünde wert und ein herrliches Souvenir – doch achten Sie bei der Heimfahrt auf ausreichende Kühlung!

35 Strandtaschen mit Stil Mit einer Tasche der Marke »Kiwi« aus St-Tropez [F5] (Quai Jean Jaurès) nimmt man ein Stück Côte d'Azur mit nach Hause. Da kriegt sogar der Baggersee Mittelmeerflair. Erhältlich auch in Antibes (2, ave. Clemenceau) und Cassis (14bis, rue Alex Gervais).

36 Inbegriff von Sommer Sandalen aus geflochtenem Ziegenleder oder ganz schlicht aus Nubuk? Mit Ledersandalen von der Côte spürt man den Urlaub noch lange an den Füßen. 1927 kreierte Dominique Rondini in St-Tropez den Klassiker. Seine echten »Tropeziennes« haben aber ihren Preis (ab € 130) › S. 132.

37 Olivenholz im Einsatz Schüsseln, Salatbesteck oder Küchenbretter, Isidore Aicardi in Eze [H2/3] weiß fast alles aus dem marmorierten Olivenholz zu machen. Fast zu schön zum Gebrauch daheim (1, rue principale, Tel. 04 93 41 13 59).

38 Mekka der Töpfer Keramikherstellung hat Tradition in Vallauris. Die feuerrot emaillierten Schalen des Atelier Bleu d'Argile › S. 100 fallen besonders auf – und sind spülmaschinen- und mikrowellenfest, also auch alltagstauglich.

39 Düfte mit Stil Didier Gaglewski › S. 108 widmet sich in Grasse fernab der großen Parfümmarken seinen ganz eigenen Kreationen. Das Ergebnis: unaufdringliche Düfte in puristischen Flacons. So bleibt der mediterrane Sommer noch lange in der Nase.

40 Mönchsmixtur Lérina Verte hat's in sich. Diesen 50%igen Kräuterlikör stellen die Trappistenmönche auf ihrer Insel St-Honorat [G3] her. Einsamkeit macht erfinderisch.

41 Süßes von Florian Kandierte Früchte und Konfitüren im Über-

fluss liegen bei der alteingesessenen Confiserie Florian [d4] in den
Auslagen, direkt am Hafen von
Nizza (14, quai Papacino, tgl. 9–12
und 14–18 Uhr).

(42) Kunst für unterwegs Braque
oder Mirò gedruckt auf strapazier-
fähigen Leinenbeuteln gibt es im
Shop der Fondation Maeght › S. 46
zu kaufen – garantiert ein Hin-
gucker in der Heimat.

Sandalen-Klassiker in St-Tropez

… bleiben lassen sollten

(43) Sich einfach niederlassen Haben Sie im vollbesetzten Restaurant
einen freien Tisch erspäht? Warten
Sie dennoch unbedingt, bis er Ihnen
zugewiesen wird!

(44) Pastis nach dem Essen Pastis
ist ein echter Aperitif. Wollen Sie
nicht direkt als Tourist entlarvt werden, dann bestellen Sie nie einen
Pastis nach dem Essen.

(45) Nadelöhr St-Tropez Es führt
nur eine einzige Straße von Port
Grimaud nach St-Tropez. In der
Hochsaison ist sie die garantierte
Staufalle, also besser das Auto schon
in Ste-Maxime stehen lassen und
das Schiff nehmen.

(46) Problem Wechselgeld Große
Geldscheine sind oft ein Problem
beim Bezahlen. 100-€-Scheine sind
das Limit, darüber hinaus geht gar
nichts mehr (außer im Luxusseg-
ment natürlich).

(47) Achtung Wasseranstieg Beim
Wandern im Grand Canyon du Verdon nie die Flussseite wechseln,
denn flussaufwärts könnte aus Stau-
seen Wasser abgelassen werden, wo-
durch der Pegel plötzlich ansteigt.

(48) Bestellen, ohne hinzusehen
Nach dem Essen einen Digestiv zu
bestellen, ohne zuvor seinen Preis
auf der Getränkekarte zu ermitteln,
kann bei der Rechnung zu teuren
Überraschungen führen.

**(49) Trinkgeldgeben will gekonnt
sein** Trinkgeld einfach »übrigzulas-
sen«, indem man beim Bezahlen
den Rechnungsbetrag aufrundet,
funktioniert in Frankreich nicht.
Erst das Wechselgeld abwarten,
dann das *pourboire* geben.

**(50) Zu Festivalzeiten Urlaub ma-
chen wollen** Jährlich in der zweiten
Maihälfte steht die Côte d'Azur
regelrecht Kopf, wenn das Filmfestival von Cannes und der Grand Prix
von Monaco einander folgen. Die
Hotelpreise klettern dann in astro-
nomische Höhen.

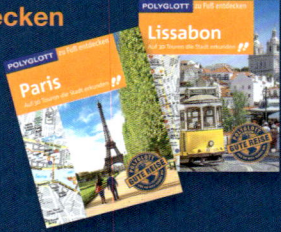

Was steckt dahinter?

Die kleinen Geheimnisse sind oftmals die spannendsten. Wir erzählen die Geschichten hinter den Kulissen und lüften für Sie den Vorhang.

Seit wann wachsen »goldene Palmen« in Cannes?

Natürlich immer während des berühmten, 1946 erstmals veranstalteten Filmfestivals in Cannes. Doch der Preis der Jury für den besten Film hieß zunächst ganz simpel »Grand Prix du Festival international du Film« und wurde dem jeweiligen Regisseur in Form eines Diploms überreicht. 1954 kam man auf die Idee, ein Symbol für diesen Preis zu kreieren. Lange gesucht werden musste nicht dafür, im Wappen der Stadt Cannes wurde man schnell fündig: Der Palmwedel, der dort zwischen zwei französischen Königslilien steht, sollte es sein. Zwar waren nur diese golden, der Palmwedel aber silber, doch die einheimischen Juweliere, die den Auftrag erhielten, ein Palmensymbol zu gestalten, vergoldeten es natürlich. Seit Anfang der 1970er-Jahre ist die Palme die endgültige und einzige Festivaltrophäe.

Wie kommt der Train des Pignes, der Pinienzapfenzug, zu seinem Namen?

Geht der Name zurück auf die vielen Pinienzapfen, die seine Dampflok um 1920 zu ihrem Antrieb verfeuern musste, wenn die Kohlen knapp waren? Da ist es doch eher wahrscheinlich, dass der Name auf das Fahrtempo anspielt, das so gemächlich gewesen sein muss, dass Fahrgäste dabei Pinienzapfen sammeln gehen konnten.

Warum ist ausgerechnet Grasse die Welthauptstadt des Parfüms?

Ende des 18. Jhs. verdiente man in Grasse sein Geld nicht etwa mit der Herstellung von feinen Düften, sondern mit dem Gerben von Leder für die Handschuhproduktion. Der strenge Geruch des gegerbten Ziegenleders brachte die Idee: man besann sich auf Duftstoffe aus den Blüten des Umlands, die den Handschuhen ihren penetranten Geruch nahmen. Die Parfümherstellung war geboren.

Trifft man in der Engelsbucht, der Baie des Anges, tatsächlich auf Engel?

Will man den Legenden glauben schenken, dann brachten Engel im 3. Jh. die heilige Reparata, eine Märtyrerin, die auch in Florenz und Pisa verehrt wird, in die Bucht von Nizza. Doch der Name geht wohl eher auf den Engelhai zurück, der mit seinen breiten Brustflossen, die Engelsflügeln gleichen, von den ansässigen Fischern gefürchtet wurde. Sie veranstalteten Prozessionen zu seiner Abwehr. Der *ange de mer* kreuzt noch heute in den Gewässern, ist aber ungefährlich.

Der Hafen von Sanary-sur-Mer an der westlichen Côte d'Azur

REISE-
PLANUNG &
ADRESSEN

Die Reiseregion im Überblick

Die »azurblaue Küste« verdankt ihren Namen einem Buch, das 1888 in Paris unter dem Titel »La Côte d'Azur« erschien.

Der aus Dijon stammende Dichter Stephen Liégeard, der seine Winter – wie damals viele reiche Zeitgenossen – an der französischen Mittelmeerküste verbrachte, beschrieb darin »diesen in Sonnenstrahlen getauchten Strand, der die Bezeichnung azurblaue Küste verdient«. Damit war der Begriff **Côte d'Azur** geboren, der sich von der bis dahin üblichen Bezeichnung »Französische Riviera« abhob, den Italiener und vor allem Engländer noch heute gebrauchen.

Milde Temperaturen im Winter, selten extrem heiße Sommer und durchschnittlich 300 Sonnentage pro Jahr prägen den Küstenstreifen zwischen Menton, nahe der italienischen Grenze, und Cassis, 250 km weiter südwestlich kurz vor Marseille gelegen. Dazwischen wechseln traumhafte Panoramastraßen direkt an der Küste und autobahnähnliche Schnellstraßen in den tristen Vorstädten von Nizza oder Toulon einander ab. So gehört die Côte d'Azur im Südosten Frankreichs nicht nur zu den schönsten Gegenden des Landes, sie ist auch eine Region der krassen Gegensätze. Malerische Fischer-

orte, die sich trotz des Hauptwirtschaftszweigs der Côte d'Azur, dem Tourismus, ihren Charme weitgehend bewahrt haben, abgelegene Bergdörfer im Hinterland, die eher gelassen auf das Treiben an der Küste herunterblicken, oder hochkarätige Kunstmuseen, von wohlhabenden Sammlern einst ins Leben gerufen, bestimmen ebenso das Bild der Côte wie die wuchernde Ausbreitung der Städte mit ihren schier endlosen Gewerbegebieten und die fortschreitende Zubetonierung ganzer Küstenabschnitte mit Wohnblocks und Ferienunterkünften.

Aber es sind vielleicht gerade diese Gegensätze, die bei einer Reise an der Côte d'Azur für Farbe, Abwechslung und immer wieder für Überraschungen sorgen. Einen Milchcafé in einer simplen Hafen-

An der Place Victor Hugo in Toulon

Hoch über der Küste thront Eze an der Moyenne Corniche

kneipe von La Ciotat oder in einer Bar am Markt von Toulon zu trinken kostet nur einen Bruchteil dessen, was man am Jachthafen von St-Tropez oder auf der Croisette in Cannes dafür bezahlen muss. Dennoch ist generell die Côte d'Azur nach Paris als das teuerste Pflaster Frankreichs bekannt. Die Dichte an renommierten Luxusherbergen, extravaganten, hinter hohen Mauern versteckten Villen und sündhaft teuren Appartements mit phänomenalem Meeresblick beweist es.

Nizza ist die größte Stadt an der Côte und nicht nur deshalb auch ihre Hauptstadt. Denn Nizza verkörpert beinahe schon alles, was die Côte d'Azur ausmacht. Es waren vermögende Engländer, die bereits Mitte des 18. Jhs. die Riviera entdeckten, um hier den Winter zu verbringen. Nizzas Flaniermeile, die Promenade des Anglais mit ihren auf die Engelsbucht blickenden Luxushotels, erinnert noch heute daran. Die italienisch geprägte Altstadt dagegen versprüht typisch mediterranen Charme.

Östlich von Nizza schmiegen sich die Basse, Moyenne und Grande **Corniche,** die drei kurvenreichen Küstenstraßen, auf unterschiedlichen Höhenniveaus an die Ausläufer der **Seealpen.** Jede Corniche fasziniert mit herrlichen Ausblicken aufs Meer. Die untere oder Basse Corniche streift mondäne Badeorte wie Villefranche, Beaulieu und Menton, aber auch den Zwergstaat **Monaco** mit Monte Carlo. Das mittelalterliche Bilderbuch-Bergdorf Eze ist über die mittlere oder Moyenne Corniche zu erreichen. Den grandiosesten Blick hinunter auf Monaco gibt es vom auf 400 m Höhe gelegenen La Turbie aus, dem Panoramabalkon an der oberen oder Grande Corniche. Von hier ist es dann nicht mehr weit bis hinauf zu den stillen Bergdörfern und Tälern der sich allmählich immer höher auftürmenden Seealpen.

Der Küstenstreifen zwischen Nizza und dem Esterel-Massiv gibt sich ebenfalls exklusiv mit dem schicken Cap d'Antibes und dem Filmfestival-Mekka Cannes. Antibes und Vallauris waren Wohn- und Wirkstätten Pablo Picassos, zuvor hatte es Auguste Renoir schon nach Cagnes und Henri Matisse nach Vence verschlagen. Von der **mondänen Küste** führt die berühmte Route, auf der Napoleon im März 1815 gen Paris marschierte, nach Grasse, zur Welthauptstadt des Parfüms.

In Castellane und Digne-les-Bains sind bereits die Alpenausläufer der **Hochprovence** zu spüren. Die grandiose Schlucht des Grand Canyon du Verdon lockt hier die Wanderer und fasziniert Naturliebhaber.

Gleich westlich der Bucht von Cannes spiegelt sich das rot schimmernde Esterel-Massiv als das erste der beiden **Küstengebirge** im Blau des Mittelmeers. Der Trubel der Côte d'Azur scheint hier eine Auszeit zu nehmen. Nur an wenigen Stellen durften Ansiedlungen entstehen, die Natur scheint sich fast selbst überlassen zu sein. Auf der traumhaften Corniche de l'Esterel ist das Massiv schnell umfahren.

Hinter St-Raphaël türmt sich das Mauren-Massiv auf, das zweite Küstengebirge der Côte d'Azur. In seinem Schatten schiebt sich die malerische Halbinsel von St-Tropez mit ihren Bilderbuchstränden ins Meer hinaus. Im Südwesten wollen die Îles d'Hyères entdeckt werden, insbesondere die in der Bucht von Hyères gelegenen Inseln Porquerolles und Port-Cros.

Westlich von Toulon, der zweitgrößten Stadt an der Côte d'Azur, besitzt die Küste mit den Hafen- und Badeorten Sanary-sur-Mer, Bandol und vor allem Cassis drei weitere Perlen, die Touristen magisch anziehen. Sanary war während des Zweiten Weltkriegs ein bevorzugter Zufluchtsort deutscher Exilanten; heute verbreitet das Städtchen gemächlichen Charme. Bandol ist nicht nur als Badeort bekannt, sondern auch als Weinbaugebiet. Das Gleiche gilt für das malerisch gelegene Cassis. Doch nach Cassis locken nicht nur gute Weine, sondern auch die fjordähnlichen, schmalen Calanques, die westlich von Cassis als tiefe Einschnitte in den Kalkstein der Küste in einem Naturschutzgebiet nur zu Fuß oder vom Meer aus zugänglich sind.

Daran gedacht?

Einfach abhaken und entspannt abreisen

- [ ] Reisepass / Personalausweis
- [ ] Flug / Bahntickets
- [ ] Zulassungsschein / Führerschein (Leihwagen)
- [ ] Sitter für Pflanzen und Tiere organisiert
- [ ] Zeitungsabo umleiten / abbestellen
- [ ] Postvertretung organisiert
- [ ] Hauptwasserhahn abdrehen
- [ ] Fenster zumachen
- [ ] Nicht den AB besprechen »Wir sind für zwei Wochen nicht da«
- [ ] Kreditkarte einstecken
- [ ] Medikamente einpacken
- [ ] Ladegeräte
- [ ] Sonnencreme dabei

Klima & Reisezeit

Was Temperaturen und Sonnenschein betrifft, brauchen sich Reisende an der Côte d'Azur eigentlich keine Sorgen zu machen.

An über 300 Tagen im Jahr scheint hier im Schnitt die Sonne, und selbst im Winter fallen die Temperaturen selten unter den Gefrierpunkt. Im Januar im warmen Pullover bei strahlendem Sonnenschein einen Pastis auf einer Terrasse in der Altstadt von Nizza trinken zu können, ist keine Seltenheit. Es waren ja gerade diese milden Temperaturen, die der Côte d'Azur schon vor 200 Jahren den Aufstieg zum noblen Winterdomizil der europäischen Aristokratie ermöglichten. Schneefall wird an der Küste als Sensation eingestuft, und wenn es wirklich einmal schneit (wie im Februar 2018), hängt man Fotos davon in den Bars auf. In den Höhenlagen der Alpenausläufer ist Schnee dagegen Normalität – von Nizza aus kann man die Skigebiete in einer knappen Stunde erreichen.

Die meisten Niederschläge sind von Oktober bis Dezember zu erwarten, die sich durchaus als wolkenbruchartige Regenfälle über die Côte d'Azur ergießen können. Solche Wolkenbrüche gingen den dramatischen Überschwemmungen Mitte Juli 2010 voraus. Naturgemäß sind Juli und August am trockensten und heißesten, vor allem im Juli werden 30 °C deutlich übertroffen. Lediglich im gebirgigen Hinterland bleiben dann die Temperaturen erträglich. Die Wassertemperatur des Mittelmeers kann im Sommer bis zu 25 °C erreichen.

Die schönste Reisezeit für die Côte d'Azur ist sicherlich von April bis Ende Juni und von Mitte September bis Mitte Oktober. Während der Sommerferien der Franzosen im Juli und August sind dagegen Städte, Strände, Campingplätze, Hotels und Restaurants überfüllt. Vor allem die Küstenstraßen werden dann von einer Autolawine heimgesucht. Auch in den Bergregionen kann man von April bis weit in den Oktober mit angenehmem Wetter rechnen. Im Herbst macht die stabile Wetterlage die Hochprovence und die Seealpen zu einem Paradies für Wanderer.

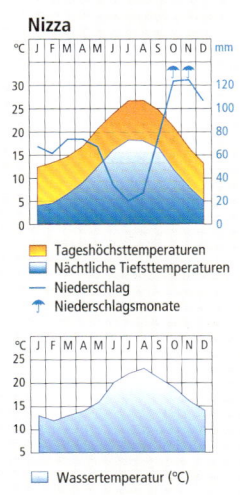

Nizza

- ▢ Tageshöchsttemperaturen
- ▢ Nächtliche Tiefsttemperaturen
- — Niederschlag
- ☂ Niederschlagsmonate

▢ Wassertemperatur (°C)

Anreise

Mit dem Flugzeug

Der Flughafen von Nizza (www.nice.aeroport.fr) ist nach den beiden Pariser Großflughäfen der bedeutendste Frankreichs. Air France und Lufthansa bieten mehrmals täglich Linienflüge nach Nizza an. Eurowings und TUIfly fliegen Nizza von mehreren deutschen Städten aus an, EasyJet von Berlin, Hamburg und Basel. Der 7 km südwestlich von Nizza ins Meer hinaus gebaute Flughafen ist vom Stadtzentrum mit Zubringerbussen (Nr. 23 sowie den Expresslinien 98 und 99) zu erreichen. Im Dezember 2018 wird die neue Tramlinie 2 (Ost-West) freigegeben, die den Hafen (Port Lympia) mit dem Flughafen (über die Neustadt und die Promenade des Anglais) verbinden wird. Darüber hinaus bestehen regelmäßige Busverbindungen in östliche Richtung nach Monaco und Menton sowie westlich nach Cannes, Grasse, Vence und Fréjus.

Mit der Bahn

Die Côte d'Azur ist über die Hochgeschwindigkeitsstrecke durch das Tal der Rhône am schnellsten zu erreichen; so benötigt der TGV von Paris nach Toulon knapp vier Stunden, nach Nizza weniger als sechs Stunden. Die Anreise über Italien stellt selbst von Süddeutschland aus keine echte Alternative dar, da die Fahrt zu lange dauert. Unter www.bahn.de sind verlässliche Fahrplanauskünfte auch für die französische Strecke zu ermitteln. Mittlerweile gibt es auch direkte TGV-Verbindungen von Frankfurt/Main, Mannheim, Karlsruhe und Baden-Baden nach Marseille – ohne den Umweg über Paris! Die Fahrzeit ab Frankfurt beträgt 7 Std. 45 Min. und dann weitere 2 Std. 45 Min. von Marseille nach Nizza (Infos und Buchung unter https://de.oui.sncf/de). Von Basel nach Marseille ist man zwischen 5 ¼ und 6 Std. unterwegs.

Nachdem die Deutsche Bahn ihre Autoreisezugverbindungen nach Süddfrankreich eingestellt hat, bietet sich nur noch die Alternative mit der SNCF ab Paris an. Mit dem »Auto/train« lässt sich der eigene Wagen von Paris-Bercy nach Fréjus, Nizza, Toulon und Marseille transportieren, während Reisende z. B. den TGV nehmen. Am Zielort kann dann der Wagen wieder abgeholt werden (https://autotrain.oui.sncf).

Mit dem Auto

Der schnellste Weg an die Côte d'Azur führt über französische oder italienische Autobahnen. Von Süddeutschland aus ist die Fahrt nach Nizza über die Schweiz und Italien ca. 200 km kürzer als über die *autoroute du soleil*, die Sonnenautobahn (A 7/A 8), die über Lyon nach Süden führt. Die Benutzung von Autobahnen in Frankreich und Italien ist gebührenpflichtig. Die Maut, *péage*, kann auch mit Kreditkarte bezahlt werden. Landschaftlich reizvoller, aber nicht durchgehend als Autobahn ausgebaut, ist die Strecke über Lausanne, Genf und Grenoble nach Gap und weiter über die berühmte Route Napoléon (N 85) bis Cannes.

Reisen in der Region

Mit dem Auto

Auf das Auto möchte man auf so aufregenden Panoramastraßen wie den drei Corniches › **S. 65** zwischen Nizza und Menton nicht verzichten. In der Hochsaison aber, wenn es über Kilometer nur noch im Schritttempo vorwärts geht, würde man die Zeit gerne anders nutzen. Ausweichmöglichkeit bietet nur die hoch gelegene Autobahn A 8, die ebenfalls alle Hauptorte ansteuert. Abseits der Küste versprechen die kleinen, aber meist sehr kurvenreichen Nebenstraßen (mit D gekennzeichnet) reizvolle Ausblicke ins Hinterland.

In Frankreich liegt die Promillegrenze bei 0,5. Auf Autobahnen sind 130 km/h (bei Nässe 110 km/h) erlaubt, auf Landstraßen 80 km/h, ab 1. Juli 2018 innerhalb von Ortschaften 50 km/h.

Verstöße gegen Verkehrsvorschriften werden in Frankreich streng geahndet. Geschwindigkeitsüberschreitungen kommen besonders teuer. Nicht nur auf Autobahnen sind heute fest installierte Radarkontrollpunkte (*contrôles automatiques*) die Regel.

Atemberaubender Blick von der Grande Corniche hinunter auf Monaco

Pannenhilfe kann man auf den Autobahnen über die orangen Notrufsäulen anfordern, sonst über den Polizeinotruf 17 *(Police Secours)* oder den deutschsprachigen Notrufdienst des ADAC (Vermittlung bei Anruf der Zentralnummer der Münchener ADAC-Zentrale +49-89/22 22 22).

Mit der Bahn

Wie Perlen auf einer Schnur reihen sich die Küstenorte von Cassis bis Menton auf der einzigen Bahnstrecke der Côte d'Azur aneinander. Landschaftlich besonders reizvolle Streckenabschnitte liegen auf der dem Meer zugewandten Seite des Massif de l'Esterel und zwischen Nizza und Menton. Infos zum regelmäßig verkehrenden Regionalexpress (TER) gibt es auf www.ter-sncf.com, Rubrik Region PACA (auf Französisch). Fahrkarten müssen stets vor Fahrtantritt an den Automaten am Anfang des Bahnsteigs entwertet werden. Auch ins Hinterland führen interessante Bahnstrecken, namentlich der Train des Merveilles nach Tende › **S. 86** und der Train des Pignes nach Digne › **S. 150**.

Das Reiseportal der Deutschen Bahn (http://reiseauskunft.bahn.de) gibt auch Verbindungsauskünfte über innerfranzösische Strecken.

Mit dem Bus

Das Netz an Stadt- und Überlandbussen ist in den beiden Départements Var und Alpes-Maritimes vor allem im dicht besiedelten Küstenstreifen gut ausgebaut. Zu Orten weiter im Landesinneren verkehren die Busse jedoch nicht allzu häufig.

Die Buslinien an der westlichen Côte d'Azur zwischen La Ciotat und St-Raphaël betreibt **Varlib** (www.varlib.fr).

Den Großraum Nizza von Vence bis zur Grenze zum Fürstentum Monaco befahren die Busse der **Lignes d'Azur** › **Seitenblick links.**

Weitere Schnellverbindungen bieten die Busse der **Rapides Côte d'Azur,** die zwischen Cannes und Menton verkehren und auch den Flughafen Nizza ansteuern (www.rca.tm.fr).

Die Internetseiten sind nur auf Französisch, Auskünfte und oft auch Fahrpläne gibt es aber auch bei den örtlichen *Offices de tourisme.*

SEITENBLICK

Nahverkehr an der Côte d'Azur

Nicht alles an der Côte d'Azur ist teuer: Im Nahverkehr der **Lignes d'Azur** im Großraum Nizza zwischen Cagnes-sur-Mer sowie Vence im Westen und der Grenze zu Monaco im Osten gilt der Einheitstarif von 1,50 € (mit Umsteigen innerhalb von 74 Min.); das Multi-Ticket für 10 Fahrten (das auch mehrere Personen gleichzeitig nutzen können) kostet 10 €. Unbegrenztes Busfahren gibt es mit der Tageskarte Pass 1 Jour für 5 € oder während 7 Tagen für 15 €. Ausgenommen sind lediglich die Schnellbuslinien 98 und 99 zum Flughafen Nizza (www.lignesdazur.com).

SPECIAL

Unterwegs mit Kindern

Für feinkörnige Sandstrände, Eisdielen und Bootsfahrten sind Kinder fast immer zu haben, und an der Côte d'Azur ist all das praktisch überall zu bekommen. Doch irgendwann sind zusätzliche Attraktionen erwünscht. Schlaue Eltern packen zu Hause bereits eine einfache Schnorchelausrüstung für alle Fälle mit ins Gepäck. Die folgenden Tipps sind für die ganze Familie geeignet.

Von Baumkrone zu Baumkrone hangeln

In den Seealpen unweit St-Martin-Vésubie › S. 68 erwartet Kletterfreudige im Abenteuerwald **Colmiane Forest** ein spannender Hochseilgarten mit sechs Parcours unterschiedlicher Schwierigkeitsgrade – vom »Parcours Baby« für Kinder ab drei Jahren bis zum Parcours »A la Folie«, der den Großen vorbehalten ist. Und wer seine Schwindelfreiheit nicht auf die Probe stellen möchte, kann immer noch Minigolf spielen …

- **Colmiane Forest** [H1]
  SEM des Cimes du Mercantour
  La Colmiane
  06420 Valdeblore
  Tel. 04 93 02 83 54
  www.colmiane.com
  Juli–Aug. tgl. 10–16 Uhr, sonst nur
  an Wochenenden; Ende Sept.–Mai
  geschl.; Reservierung empfohlen.
  Eintritt Kinder 3–6 Jahre 10 €, 7–12
  Jahre 17 €, über 13 Jahre 22 €

Zu Besuch beim Fürsten

Gewaltig groß erscheint nicht nur Kindern das über 100 Jahre alte **Ozeanografische Museum** › S. 72 auf dem Grimaldi-Felsen in Monaco. Nicht nur die zahlreichen Aquarien, sondern auch die Mosaike und die Architektur des gigantischen Museumsbaus wollen genauer betrachtet werden. Aus Stein gehauene Meerestiere oder aus Hunderten von Mosaiksteinchen gelegte Kraken und Kronleuchter in Quallenform fesseln leicht die Aufmerksamkeit von Kindern, wenn man sie zu genauem Hinsehen ermuntert.

• **Musée océanographique**
Ave. Saint-Martin
MC 98000 Monaco
Tel. (00 377) 93 15 36 00
www.oceano.mc
Tgl. 10–19, Juli/Aug. 9.30–20, Okt. bis März 10–18 Uhr; während des Grand Prix der Formel 1 im Mai geschl. Eintritt (je nach Saison) Erwachsene 11 bis 16 €, 4–12 Jahre 5–8 €, 13–18 Jahre und Studenten 7–12 €

Inseltour mit dem Fahrrad

Wer sichergehen will, dass sein Nachwuchs beim gemütlichen Fahrradausflug nicht unter die Autoräder kommt, ist auf der Île de Porquerolles › S. 137 genau richtig. Auf der kleinen Insel gibt es so gut wie keine Autos, dafür umso mehr Fahrradverleiher, die im Hafen Drahtesel aller Art für die Ausflügler vom Festland bereithalten. An der Nordküste kann man sehr gemütlich radeln, die Südküste hingegen ist Steilküste. Einige Steigungen auf der Insel fordern die Oberschenkelmuskeln heraus.

Riesenrutschen und Haifischbecken

An der Küste nördlich von Antibes bei Biot › S. 103 liegt an der D 6007

(früher RN 7) der Erlebnispark **Marineland**. Delfine und Robben sind hier zu sehen, aber auch Eisbären sowie Tausende Fische aller Art im Aquarium. Nervenkitzel pur bietet der Gang durch den 30 m langen und von 2 Mio. Liter Wasser umspülten Haitunnel, in dem man die Meeresräuber (fast) hautnah erlebt. Die Abteilung Antarctica bietet einen Blick in die Südpolarzone, Pinguine inbegriffen. Die spannendsten Attraktionen für Kinder aber sind im Bereich Aquasplash sicherlich die Riesenrutschen *(toboggans)* und die »Pirateninsel«.

• **Marineland** [G3]
306, Avenue Mozart | 06600 Antibes
Tel. 08 92 42 62 26
www.marineland.fr
Tgl. 10–19 Uhr, Juli/ August bis 23 Uhr, Okt.–März nur während der frz. Schulferien. Eintritt Marineland: 39 €, Kinder bis 12 Jahre 32 €

Die Unterwasserwelt erkunden

Die Île de Port-Cros › S. 137, eine der beiden Inseln vor Hyères, gilt als Schnorchler- und Taucherparadies. Am ca. 35 Gehminuten vom Hafen Port-Cros entfernten Plage de la Palud wurde ein Unterwasserpark *(sentier sous-marin)* eingerichtet. Schwimmende Schautafeln erläutern den Hobbytauchern, was es Besonderes zu sehen gibt. Die eigene Schorchelausrüstung muss allerdings mitgebracht werden, auch Schwimmflossen sind von Vorteil. Dass man hier bunten Fischen und eleganten Seesternen begegnet, ist garantiert.

Sport & Aktivitäten

Meer und Berge: Wer gern im Freien aktiv ist, hat an der Côte d'Azur und im Hinterland alle Möglichkeiten. Für Wassersportler ist die Region sowieso ein Paradies, aber auch für Wanderer und Radfahrer ist das Angebot nahezu unendlich groß.

Wassersport

Wem Faulenzen auf feinem (aufgeschüttetem) Sandstrand in Cannes oder auf mittelgroßen Kieselsteinen in Nizza weniger liegt, für den gibt es ein großes Wassersportangebot an der Côte d'Azur. An vielen Stränden wie in Hyères, Théoule-sur-Mer, Ramatuelle oder Antibes können **Segelboote** *(voiliers)* ausgeliehen werden. Passionierte Segler finden auch Katamarane im Angebot. **Windsurfen** *(planche à voile)* bietet sich vor allem an, wenn der starke Mistral aus dem Norden bläst. L'Almanarre im Golf von Giens südlich von Hyères ist für seine langen und windgepeitschten Strände bekannt. Hier gibt es auch die beste Möglichkeit fürs **Kitesurfen**: Wer mithilfe eines Lenkdrachens (Kite) auf einem schmalen Board in Fahrt kommen möchte, der meldet sich am besten in der Kitesurf-Schule von L'Almanarre an (www.kite-hyeres.fr). Aber auch **Tauchen** *(plongée)* kann man an der Côte d'Azur. Die besten Tauchreviere finden sich in Golfe-Juan zwischen Cannes und dem Cap d'Antibes, auf den benachbarten Îles de Lérins oder vor Hyères an den Îles de Porquerolles und Port-Cros.

Und wer sich lieber ins Wildwasser stürzt, der sollte in Castellane am Verdon-Fluss ins **Kajak** stei-

Auch die Calanques bei Cassis sind ein beliebtes Ziel für Kajakfahrer

Auf zwei Rädern durchs Massif des Maures – hier in La Garde-Freinet

Radfahren

Radfahren im steilen und kurvigen Hinterland ist nur Sportskanonen mit guter Kondition zu empfehlen. Gemütlicher fährt es sich auf dem (mit Unterbrechungen) über 100 km langen Fahrradweg *(Parcours cyclable du Littoral)* im Département Var auf der ehemaligen Streckenführung einer Bahnlinie, die Toulon mit St-Raphaël verband. Infos hierzu bieten die örtlichen Offices de Tourisme.

Wandern

Die Côte d'Azur und vor allem ihr Hinterland ist ein Eldorado für Wanderer. Von Küstenwanderwegen bis hin zu anspruchsvolleren Touren durch das Massif des Maures, das Massif de l'Esterel, den Grand Canyon du Verdon in der Hochprovence und den Nationalpark Mercantour in den Seealpen findet hier jeder Wanderer sein Glück. Ausgerüstet mit den Karten TOP 25 des Institut géographique national (IGN) lassen sich auch die abgeschiedensten Orte erwandern › **Special S. 116**.

gen oder sich direkt für **Rafting** entscheiden. Anbieter gibt es dort genügend (Infos z. B. unter www. rafting-verdon.com oder www. buenavistarafting.com).

SEITENBLICK

Mit Vollgas über die Rennstrecke

Mit einem Formel-1-Rennwagen selbst über die Strecke zu düsen – diesen Kindheitstraum kann man sich etwa eine Autostunde von Cannes oder St-Tropez entfernt auf dem Circuit du Var erfüllen. In einem eintägigen Kurs wird man mit Theorie und Praxis eines F1-Wagens vertraut gemacht und kann als Höhepunkt schließlich allein einige Runden drehen. Adrenalin pur ist garantiert. Und auch wenn Sie das Steuer nicht selbst ergreifen (oder etwas weniger Geld ausgeben) möchten, ist der Rausch der Geschwindigkeit in Reichweite: Im Renntaxi sitzen Sie hinter einem erfahrenen Piloten, der Sie sicher ins Ziel bringt. Buchung und detaillierte Informationen unter www.passion4speed.com.

Gleitschirm- und Drachenfliegen

Diese Sportarten sind nur in bestimmten Gebieten im Hinterland von Nizza erlaubt; insgesamt kann man von 40 offiziell genehmigten Stellen in den Alpes d'Azur abheben. In St-André-des-Alpes nördlich von Castellane finden Meisterschaften im Drachenfliegen statt.

Fédération Française de Vol Libre
• 4, rue de Suisse | 06000 Nice
Tel. 04 97 03 82 82 | www.ffvl.fr

Wellness

Spa-Oasen und Wellness werden in fast allen Spitzenhotels an der Küste angeboten. In Thalasso-Zentren in Bandol, Hyères, Antibes oder Monte Carlo können Meerwassertherapien gebucht werden. Nützliche Infos finden sich z.B. unter http://thalasso.thermes.org.

Fünf berühmte und bereits seit gallo-römischer Zeit bekannte Thermalquellen entspringen in den Alpen der Hochprovence bei **Digne-les-Bains** › **S. 114**. Um 40 °C heiß ist hier das Heilwasser, das bei Atemwegserkrankungen und chronischem Rheuma Linderung verspricht.

Im Département Alpes-Maritimes rühmt sich **Roquebillière**, das einzige Thermalbad der Côte d'Azur zu sein. 55 km nördlich von Nizza liegen im Ortsteil Berthemont-les-Bains die relativ bescheidenen Kuranlagen mit 29 °C warmem und sulfathaltigem Wasser.

Thermes de Digne les Bains [D1]
• BP 163 | 04005 Digne-les-Bains
Tel. 04 92 32 32 92
www.thermesdignelesbains.com

Thermes de Berthemont-les-Bains [H1]
• BP 32 | 06450 Roquebillière
Tel. 04 93 03 47 00
www.vesubian.com/sites/cure.htm

Unterkunft

An Hotels und Unterkünften in jeder Preisklasse besteht an der Côte d'Azur kein Mangel, allerdings ist das Preisniveau direkt an der Küste durchweg hoch.

Auch lassen Ausstattung und Zustand der Herbergen Frankreichs öfter zu wünschen übrig, was auch das Tourismusministerium in Paris erkannt hat. Millionen sollen in den nächsten Jahren investiert werden, um französische Hotels den internationalen Standards anzupassen. Ein erster Schritt: Seit 2009 gibt es nun auch den fünften Stern für die Luxusklasse. Bisher war die Klassifizierung 4L die höchste Qualitätsstufe in Frankreich. Doch die strengen Kriterien für den fünften Stern müssen erst einmal erfüllt werden, auch in den alteingesessenen Palasthotels der Côte d'Azur. Thalasso-Therapien,

Charme-Hotels

....

- **Hôtel Suisse** in Nizza. Unschlagbar ist die Lage am Burgberg; von (fast) allen Zimmern hat man einen herrlichen Blick auf die weite Engelsbucht. › S. 62
- **Mas Djoliba** in Antibes. In einem alten provenzalischen Herrenhaus eingerichtetes Hotel mit Pool, umgeben von einem charmanten kleinen Park. › S. 103
- **La Bastide du Paradou** bei Moustiers-Ste-Marie. Ein alter Herrensitz abseits der Touristenpfade hat sich hier in ein charmantes Hotel verwandelt. › S. 113
- **Hôtel Ermitage** in St-Tropez. Stilvolles Traditionshaus in gedeckten Farben gehalten, trendiger Retroschick der 50er-Jahre. › S. 131
- **Hôtel Notre Dame** in Collobrières. Das alte Stadthotel wurde in ein modern gestyltes Designhotel verwandelt, eine Seltenheit in dieser eher abgeschiedenen Gegend. › S. 134
- **Hostellerie du Cigalou** in Bormes-les-Mimosas. Familiäres, mit viel Geschmack eingerichtetes kleines Hotel mit Pool, eine Oase der Stille. › S. 135
- **Bon Abri** in Sanary-sur-Mer. Hier herrscht eine familiäre Atmosphäre, man trifft sich im stets üppig blühenden Garten, und der Strand ist nur wenige Schritte entfernt. › S. 142

Spa und Wellnessprogramme bieten fast alle Spitzenhotels an der Küste an.

Hotels und Pensionen

Einen ersten Eindruck von Ausstattung, Lage und Preis der Hotels erhält man am schnellsten im Internet. Auch attraktive Preisangebote sind meist nur online verfügbar. Die Suche erfolgt nach Regionen, also Provence-Alpes-Côte d'Azur (PACA), bzw. direkt nach den Départements Alpes-Maritimes, Var oder Alpes-de-Haute-Provence.

Stilvolle Hotels für hohe Ansprüche in meist historischen Gemäuern finden sich unter der Adresse www.relaischateaux.com/de.

Etwas preisgünstigere, aber kaum weniger stilvolle Häuser bietet www.chateauxhotels.com.

Eine Vielzahl von Hotels der 2- und 3-Sterne-Klasse erscheint unter http://fr.federal-hotel.com.

Wer es gerne still liebt, der könnte unter https://de.relaisdusilence.com fündig werden.

Alteingesessene Hotels mit gutbürgerlicher Küche firmieren unter dem Label Logis de France (www.logishotels.com/de).

Kleine, familiär geführte Hotels mit ganz eigenem Charme finden sich unter www.iguide-hotels.com.

Wer durch Familienanschluss die Region noch näher kennenlernen will, der findet insbesondere ländlich geprägte Gästezimmer mit Charme unter https://de.gites-de-france.com.

Auch die Webseite der französischen Zentrale für Tourismus

http://de.france.fr bietet eine umfangreiche Hotelsuchfunktion an. Verzeichnisse von Unterkünften gibt es natürlich auch bei den örtlichen Offices de Tourisme.

Ferienhäuser und Ferienwohnungen

Im Juli und August ist die vorherige Reservierung von Unterkünften an der Côte d'Azur absolut unerlässlich. **Pierre & Vacances,** Frankreichs größtem Vermittler von Ferienhäusern und -wohnungen, gehören auch an der Côte d'Azur ganze Feriendörfer. Beim reinen Internetanbieter **Airbnb** finden sich private Ferienwohnungen auch an der Côte d'Azur in allen Preislagen (http://de.airbnb.com).

Pierre & Vacances
- Tel. 0 18 05/34 44 44 (Deutschland)
  Tel. (0049) 221-97 30 30 91
  (Österreich/Schweiz)
  www.pv-holidays.de

Inter Chalet
- Tel. (0049) 07 61-21 00-77
  www.interchalet.com

Jugendherbergen und Camping

Mit dem Internationalen Jugendherbergsausweis kann man in den **Auberges de Jeunesse** von Cassis, Fréjus oder Nizza übernachten. Zwischen 20 und 30 € inklusive Frühstück sind hierfür zu bezahlen. Weitere Infos und ein Verzeichnis gibt es beim Jugendherbergsverband **Fédération Unie des Auberges de Jeunesse.**

Eine der ersten Adressen an der Côte d'Azur: das Hotel Carlton in Cannes

Fédération Unie des Auberges de Jeunesse
- 27 rue Pajol | 75018 Paris
  www.fuaj.org

Die **Campingplätze** an der Côte d'Azur sind teuer. Wildes Campen ist untersagt und wird mit hohen Geldstrafen geahndet. Adressen und umfassende Beschreibungen liefern Führer des Deutschen Camping Club e. V. und des ADAC (im Buchhandel erhältlich) oder die Internetseite www.campingfrance.com/de. Ein Verzeichnis der Campingplätze erhält man außerdem von der **Fédération française de camping-caravaning.**

Fédération française de camping-caravaning
- 78, rue de Rivoli | 75004 Paris
  www.ffcc.fr

Reiche Auswahl in der Markthalle von Antibes

LAND & LEUTE

Steckbrief

- **Fläche:**
  ca. 10 000 km²
- **Bevölkerung:**
  ca. 1,8 Mio. Menschen
- **Küsten:** rund 300 km
  französische Mittel-
  meerküste zwischen Cassis und der
  italienischen Grenze
- **Region mit Hauptstadt:**
  Provence-Alpes-Côte d'Azur (PACA):
  Marseille
- **Départements mit ihren Haupt-
  städten:** Bouches-du-Rhône: Marseille; Var: Toulon; Alpes-Maritimes:
  Nizza

- **Landesvorwahl:** 0033
- **Währung:** Euro (€)
- **Zeitzone:** MEZ

Lage und Landschaft

Die »azurblaue Küste«, die sich zwischen Cassis im Westen und Menton im Osten über ca. 300 km erstreckt, weist in ihrem Verlauf ganz unterschiedliche Formationen auf.

Charakteristisch für Cassis sind die Calanques, schmale, fjordähnliche Einschnitte in der felsigen Küste. Das Département Var wird vom fast 800 m hohen Massif des Maures geprägt, dessen bewaldete Hänge bis hinunter ans Mittelmeer abfallen und nur auf der Halbinsel von St-Tropez Platz für schöne Sandstrände lassen. Vorgelagert ist die Inselgruppe der Îles d'Hyères. Roter Porphyr bestimmt das knapp 600 m hohe Massif de l'Esterel, an dessen Meerseite sich viele winzige Buchten mit kleinen Sandstränden gebildet haben. Es folgen die große Bucht von Cannes mit den Îles de Lérins und die Baie des Anges (En-gelsbucht) von Nizza. Östlich davon rücken die Ausläufer der Seealpen bis an den Küstensaum. Einige Halbinseln wie Cap Ferrat strecken sich hinaus ins Meer. Wenn auch stark bebaut, so ist dieser Abschnitt der Côte d'Azur sicher ihr markantester und faszinierendster.

Das Hinterland der Côte d'Azur ist von Gebirgszügen und steilen Tälern geprägt. Flüsse wie der Var und der Verdon haben sich tief in den Untergrund gewaschen.

Natur und Umwelt

Das milde Klima an der Côte d'Azur lässt Pflanzen prächtig gedeihen. Daher gehören *jardins exotiques,* exotische Gärten, genauso zum Bild der Küste wie Palmen an den Uferpromenaden. Im Hinterland wird das Landschaftsbild von Olivenbäumen geprägt, neben Stein- und Korkeichen, Zypressen, Pinien, Zedern und Eukalyptusbäumen. Im Frühjahr blühen die Mimosen.

Es gibt etliche regionale und nationale Naturparks, etwa den Nationalpark Le Mercantour im Norden und die Calanques bei Cassis, den Inselnationalpark Port-Cros und den Naturpark um die Schluchten des Verdon. Über 70 Strände der Region zeichnen sich durch gute Badebedingungen bei immer besserer Wasserqualität des Mittelmeers aus. Sie sind mit dem internationalen Umweltsymbol der Blauen Flagge gekennzeichnet, das jährlich neu vergeben wird (www.blueflag.org).

Bergstrecke in den Seealpen

Politik

Das Regionalparlament der Region Provence-Alpes-Côte d'Azur (PACA) wird seit den Regionalwahlen im Dezember 2015 von der Vereinigten Rechten dominiert. Der Westen der Region mit Marseille wählt traditionell links, während an der östlichen Côte d'Azur die konservativen Parteien dominieren.

Eine mit 45 % der Stimmen bei den Regionalwahlen 2015 sehr starke Stellung in der Region PACA hat der rechtsradikale Front National, dessen Galionsfigur Marion Maréchal-Le Pen, die Nichte Marine Le Pens, sich jedoch im Mai 2017 aus der Politik zurückzog.

Wirtschaft

Traditionelle Wirtschaftsformen wie Fischfang sind auch an der Côte d'Azur rückläufig. Viele Häfen haben sich in Marinas für Segeljachten verwandelt. Eine bedeutendere Rolle spielen weiterhin Obst- und Gemüseanbau sowie Schnittblumenzucht und Weinbau. Die Industrie konzentriert sich auf Toulon, während sich um Nizza High-Tech-Industrien angesiedelt haben. In Grasse werden wie eh und je Essenzen für Parfüms gewonnen; auch die Herstellung von Lebensmittelaromen gewinnt hier an Bedeutung.

Der Dienstleistungssektor bestimmt nach wie vor die Wirtschaftsleistung der Côte d'Azur. Die Tourismusbranche, die ein Drittel aller Arbeitnehmer ernährt, scheint die Auswirkungen der Wirtschaftskrise überstanden zu haben. Nach deutlichen Einbußen bei den Gästeübernachtungen kommen nun wieder annähernd so viele Touristen wie vor der Krise an die Côte d'Azur (11 Millionen). Der Anschlag vom 14. Juli 2016 in Nizza hatte kaum Auswirkungen auf den Tourismus. Ein Drittel aller ausländischen Gäste kommt aus Deutschland. Die Arbeitslosigkeit in der Region PACA liegt weiterhin bei knapp 11 %, zwei Prozentpunkte über dem landesweiten Durchschnitt.

Geschichte im Überblick

30 000 v. Chr. Der Cro-Magnon-Mensch siedelt etwa dort, wo heute die Altstadt von Nizza liegt.

Um 600 v. Chr. Griechische Phokäer aus Kleinasien gründen Massalia (Marseille) als Handelsniederlassung; zwei Jahrhunderte später Nikaia (Nizza). Es folgen Antibes (Antipolis) und Monaco.

125 v. Chr. Die Griechen rufen wegen der Bedrohung ihrer Handelsplätze durch keltische Stämme die Römer zu Hilfe, die bei dieser Gelegenheit ihre Expansionspolitik auf Südfrankreich ausdehnen.

52 v. Chr. Cäsar erobert in kurzer Zeit ganz Gallien.

1.–3. Jh. Ausbau der gallisch-römischen Städte. Die Via Aurelia als Achse von Rom durch Gallien nach Spanien wird angelegt. Das Christentum gewinnt an Bedeutung.

5. Jh. Zusammenbruch des Römischen Reiches. Wandalen, Westgoten, Burgunder, Ostgoten und Franken nehmen nacheinander den Küstenstreifen in Besitz.

8. Jh. Sarazenen überfallen die Küste. Die ersten *Villages perchés* (Wehrdörfer) entstehen im Hinterland.

14. Jh. Ein Mitglied der Genueser Familie Grimaldi erwirbt Monaco von der Republik Genua. Nizza kommt 1388 an die Grafen von Savoyen.

1486 Die Provence geht in den Besitz der Krone von Frankreich über.

1793 Nizza wird von französischen Regierungstruppen besetzt.

1814 Durch den Wiener Kongress wird Nizza an Savoyen zurückgegeben.

1815 Im März marschiert Napoleon über die heutige »Route Napoléon« nach Paris.

1834 Lord Brougham lässt sich in Cannes nieder. In der Folge wird die Riviera zum bevorzugten Winterquartier des englischen Adels.

1860 Das Königreich Piemont-Sardinien (ehem. Savoyen) tritt die Grafschaft Nizza, die zum Département Alpes-Maritimes wird, an Frankreich ab.

1861 Monaco verkauft Menton und Roquebrune an Frankreich.

1864 Nizza wird an das Eisenbahnnetz angeschlossen.

1866 Gründung von Monte Carlo.

1928 Jean Médecin wird Bürgermeister von Nizza. 62 Jahre lang regiert sein Familienclan die Stadt.

1942 Deutsche Truppen rücken bis nach Südfrankreich vor.

Ab 1945 Nach dem Zweiten Weltkrieg entwickelt sich der Küstenstreifen zu einem begehrten Urlaubsziel auch des Massentourismus.

1956 Fürst Rainier III. von Monaco heiratet die amerikanische Schauspielerin Grace Kelly.

1959 Nach dem Bruch des Staudamms von Malpasset bei Fréjus sind über 400 Tote zu beklagen.

1962 Der Flughafen Nice-Côte d'Azur wird eröffnet.

1964 In St-Paul-de-Vence entsteht die Fondation Maeght.

1980 Die A 8 schließt die Region an die Rhône-Autobahn an.

1995 Jean-Marie Le Chevalier vom Front National wird Bürgermeister von Toulon (bis 2001).

2005 Nach dem Tod von Fürst Rainier III. übernimmt Albert II. die Amtsgeschäfte in Monaco.

2007 In Cannes feiert das Filmfestival 60-jähriges Jubiläum.

2010 Eine schwere Sturmflut verwüstet die Strandpromenaden von Nizza und Cannes.

2015 Bei den Regionalwahlen kann sich die Vereinigte Rechte gegen den rechtsradikalen und im Südosten traditionell starken Front National durchsetzen.

2016 Auf der Promenade des Anglais sterben über 85 Menschen (aus 20 Nationen) bei einem Attentat am Nationalfeiertag.

Albert II. ist seit 2005 regierender Fürst von Monaco

2017 Emmanuel Macron, Gründer der Partei »La République en Marche!« wird jüngster Staatspräsident in der Geschichte Frankreichs.

Die Menschen

Zu den ca. 1,8 Mio Einwohnern entlang der Côte d'Azur gesellen sich jedes Jahr über 11 Mio. Besucher.

Ballungszentren sind die Städte Nizza, Toulon und der Zwergstaat Monaco, der mit über 16 000 Einwohnern pro km² mit Abstand am dichtesten bevölkert ist. Je weiter man sich vom Meer entfernt, desto spärlicher wird die Besiedlung. Castellane in der Nähe des Grand Canyon du Verdon zählt nur noch 14 Einwohner pro km².

Das Sozialgefüge entlang des Küstenstreifens und in einigen Gegenden des Hinterlands ist jedoch alles andere als einheitlich. Da das Preisniveau, vor allem was den Wohnraum betrifft, in mondänen Badeorten wie Cannes oder Menton, am Cap Ferrat oder in St-Tropez sehr hoch ist, finden sich ärmere Bevölkerungsschichten in Sozialbauten am Stadtrand von Nizza oder Toulon wieder. Nach dem Ende des Algerienkriegs 1962 ließen sich viele Algerienfranzosen an der westlichen Côte d'Azur nieder. Zusammen mit nordafrikanischen Einwanderern etwa aus Marokko oder Tunesien stellen sie in einigen Städten einen Bevölkerungsanteil von über 15 %. Die größte Religionsgemeinschaft nach den Katholiken bilden wie in ganz Frankreich die Muslime. Die rechtsradikale Partei Front National weiß seit Jahren mit populistischen Parolen Ressentiments und Fremdenfeindlichkeit in der Region zu schüren.

Es ist die französische Sprache, welche die Bevölkerungsgruppen doch wieder miteinander verbindet, da auch der allergrößte Teil der Einwanderer Französisch spricht. Neben dem Hochfranzösischen hat sich außerdem das maritime Provenzalisch, das mit dem Okzitanischen des Mittelalters verwandt ist, an der Küste als Sprache erhalten. Es klingt wesentlich härter als das Französische und wird nicht mehr von vielen Menschen beherrscht. In Nizza finden sich noch häufig Ausdrücke im lokalen Dialekt *Nissart* wie etwa »lou pan« für französisch »le pain« (das Brot).

Kunst & Kultur

Griechen, Römer und Spätantike

Es waren die Griechen, die, von Kleinasien kommend, an der südfranzösischen Küste erste Handelsniederlassungen gründeten. Überreste aus dieser Epoche haben sich an der Côte d'Azur allerdings nicht erhalten. Das Auftauchen der Römer im 2. Jh. v. Chr. ist hingegen besser belegt. Das Amphitheater von Fréjus und die Siedlungsreste von Cimiez auf den Anhöhen von Nizza, vor allem aber das römische Siegesdenkmal über die Alpenstämme an der Via Aurelia beim heutigen La Turbie, zeugen von der Übermacht der neuen Herren der *Provincia romana* (daher stammt die heutige Bezeichnung Provence). Aus der frühen christlichen Epoche sind das Baptisterium in Fréjus und die Krypta der Basilika Ste-Madeleine in St-Maximin-la-Ste-Baume (5. Jh.) erhalten, die zu den ältesten Sakralbauten in ganz Frankreich gehören.

Mittelalter

Im 9. Jh. wurden die Mittelmeerküsten von arabischen Sarazenen heimgesucht. Die Bevölkerung mied daher die Küste und gründete auf Felskuppen befestigte Wehrdörfer, die durch ihre abgeschiedene Lage schwerer zu brandschatzen waren. Diese *Villages perchés* werden heute nicht mehr von vielen Einheimischen bewohnt, sind aber beliebte Touristenziele geworden. Die einstmals gut befestigten Burganlagen des Mittelalters sind dagegen zum größten Teil zerstört; einige wurden später wieder aufgebaut, etwa die Burg von Roquebrune und die Grimaldi-Festung in Antibes.

Ein schönes Beispiel der schlichten romanischen Ordensarchitektur des im späten 11. Jh. gegründeten Zisterzienserordens hat sich mit der Abtei von Le Thoronet im Département Var erhalten. Ein gewaltiges gotisches Bauwerk, das größte Südfrankreichs, stellt die über den Gebeinen der hl. Maria Magdalena errichtete Basilika in St-Maximin-la-Ste-Baume dar.

17. bis 20. Jahrhundert

Es ist vor allem Nizza, das von bedeutenden Bauten des Barock und des Klassizismus geprägt wird. Die quadratische Platzanlage der Place Garibaldi mit ihren Arkaden, die Kathedrale Ste-Reparate oder das aristokratische Palais Lascaris, alle noch im 17. Jh. begonnen, sind beispielhaft für die Lust der Epoche, Architektur im Stadtraum prachtvoll zu inszenieren. Da Nizza bis Mitte des 19. Jhs. zu Savoyen gehörte, waren es italienische Baumeister, die hier Baustile aus dem Piemont, aus Genua oder Rom importierten.

Einer der bekanntesten Rokokomaler Frankreichs, Jean-Honoré Fragonard (1732–1806), stammte aus Grasse. Seine wichtigsten Werke hängen heute allerdings im Pariser Louvre.

Von einem wahren Bauboom ist die Belle Époque an der Côte d'Azur gekennzeichnet, Folge der zunehmenden Beliebtheit als Winterquartier für den europäischen Adel. Zwischen 1880 und dem Ersten Weltkrieg wurden vor allem Palasthotels wie das Hotel Carlton in Cannes und das Negresco in Nizza an der Küste errichtet. Auf küstennahen Anhöhen zog man gigantische Hotelkomplexe hoch, wie das Regina in Nizza-Cimiez, in dem die englische Königin Victoria zu überwintern pflegte. Prunkvolle Casinos wie in Monte Carlo oder extravagante Villen im maurischen oder neogotischen Stil entstanden allerorten.

Die Maler

Ab dem Ende des 19. Jhs. wurden auch viele Maler vom Licht und den leuchtenden Farben der Côte d'Azur angezogen. Von den Impressionisten über die Fauves bis zu den Kubisten, von Claude Monet (1840 bis 1926) und Auguste Renoir (1841–1919) über Georges Seurat (1859–1891) und Paul Signac (1863–1935) bis Henri Matisse

Das 1911 erbaute Carlton auf der Croisette in Cannes verkörpert die ganze Pracht der Belle Époque

(1869–1954) und Pablo Picasso (1881–1973) haben unzählige Maler ihre Staffeleien hier aufgestellt. Viele von ihnen blieben den Rest ihres Lebens an der Côte d'Azur.

Renoir lebte und arbeitete in seinem großen Atelierhaus nahe Cagnes-sur-Mer. Matisse verbrachte lange Zeit in Nizza; neben vielen Bildern schuf er als eines seiner Hauptwerke auch die Chapelle du Rosaire in Vence, die er vom Fenster über die Türgriffe bis hin zum Abendmahlskelch in allen Einzelheiten selbst entwarf. Für Marc Chagalls (1887–1985) Zyklus religiöser Werke wurde sogar ein eigenes Museum in Nizza errichtet. Picasso nahm kurz nach dem Zweiten Weltkrieg die Einladung eines Museumskonservators in Antibes an, mehrere Monate im alten Schloss zu leben und großformatige Leinwände zu bemalen. Heute befindet sich hier ein Museum.

In den 1950er-Jahren machten die Nouveaux Réalistes, eine junge Künstlervereinigung mit Yves Klein, Arman, Daniel Spoerri, César, Jean Tinguely und Niki de Saint Phalle in Nizza von sich reden. Sie stellten sich gegen die damals herrschende Abstraktion und verarbeiteten Objekte des alltäglichen Lebens, um so die Kunst wieder der Realität anzunähern. Werke der »jungen Wilden« kann man heute im Musée d'art moderne et d'art contemporain (MAMAC) in Nizza sehen.

SEITENBLICK

Die Côte d'Azur in der Literatur

D. H. Lawrence war 45 Jahre alt, hatte gerade seinen Roman »Lady Chatterley« veröffentlicht und damit im prüden Großbritannien einen Skandal entfacht, als er 1930 an die Côte d'Azur floh. Dort zog er sich nach Vence in das Hotel Colombe d'Or zurück und brachte, als Persona non grata in die Schlagzeilen der Weltpresse geraten, dieser Ecke Frankreichs mehr oder weniger ungewollt eine nicht zu unterschätzende Publizität.

Ihren Namen bekam die Küste, als 1888 Stephen Liégeards Buch »La Côte d'Azur« auf dem Markt erschien. Ort der Handlung war das Gebiet von der italienischen Grenze bis nach St-Raphaël, wo der französische Starjournalist Alphonse Karr bereits an seiner schriftstellerischen Arbeit saß.

Viele Schriftsteller wurden von der Côte zu literarischen Höchstleistungen inspiriert. Graham Greene, der über zwei Jahrzehnte lang in Antibes lebte, wählte als Schauplatz für seinen Roman »Heirate nie in Monte Carlo« das Hôtel de Paris neben dem Casino. William Somerset Maughams »Auf Messers Schneide« entstand ebenso an der Côte d'Azur wie Guy de Maupassants »Bel Ami«. Patrick Süskind ließ sich in den Gassen von Grasse zu seinem Bestseller »Das Parfüm« inspirieren. F. Scott Fitzgerald genoss die einzigartige Atmosphäre der Côte im Hôtel du Cap in Cap d'Antibes. Hemingway, Camus, Pearl S. Buck, Sagan, Simenon – sie alle waren Gäste im bekannten Nobelhotel Negresco; und last but not least philosophierte in den 1880er-Jahren der Spaziergänger Friedrich Nietzsche in Nizza.

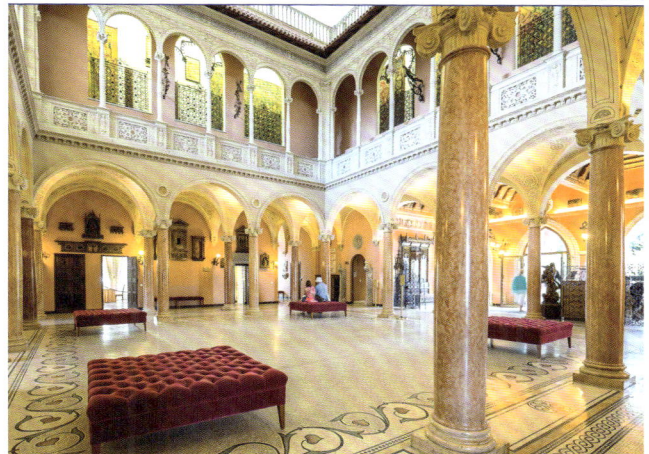

Kunst an der Côte d'Azur

Die meisten hochkarätigen Kunstsammlungen Frankreichs sind – außer in Paris – zweifellos an der Côte d'Azur zu finden. Zahlreiche Maler und Bildhauer hinterließen hier ihre Spuren, einst vom intensiven Licht und milden Klima angelockt, das ihr Kunstschaffen beflügelte. Die Kennerschaft vermögender Sammler hat sich an der azurblauen Küste oft mit der Lust gepaart, den Kunstwerken einen extravaganten Rahmen zu schaffen. So wurden private Villen, Rathäuser, alte Schlösser und moderne Bauten zu Schatzkammern der Kunst.

Extravagante Sammlervillen

Hoch oben auf dem exklusiven Cap Ferrat thront die rosarote **Villa Ephrussi**, ein Bilderbuchbau im Stil der italienischen Renaissance mit ausgedehntem Park, die sich Baronin Ephrussi de Rothschild 1905 hier erbauen und mit Möbeln und Kunstwerken des 18. Jhs. anfüllen ließ › **S. 78**. Nach ihrem Tod 1934 vermachte die Baronin ihren Besitz der französischen Akademie der Schönen Künste.

In Sichtweite liegt auf einer Landzunge im benachbarten Beaulieu die nach griechischen Vorbildern um 1905 erbaute **Villa Kérylos** des französischen Archäologen Théodore Reinach › **S. 79**. Die griechische Antike ließ sich der hochgebildete Reinach von den Wandmalereien bis zu den Sitzmöbeln originalgetreu nachbilden. **50 Dinge** ㉔ › **S. 15**.

- **Villa Ephrussi de Rothschild**
  Saint-Jean-Cap-Ferrat
  Tel. 04 93 01 33 09
  www.villa-ephrussi.com

- **Villa Kérylos**
  Impasse Gustave Eiffel
  Beaulieu-sur-Mer
  Tel. 04 93 01 01 44
  www.villakerylos.fr
  Öffnungszeiten für beide Villen: tgl.
  10–19, Sep.–April bis 17 Uhr

Eine Sammlung von Weltrang

Für ihre Sammlung moderner Kunst des 20. Jhs., die zu den weltweit bedeutendsten ihrer Art gehört, schuf das Kunsthändlerehepaar Marguerite und Aimé Maeght in St-Paul-de-Vence einen ganz besonderen Rahmen. In dem modernen, 1964 behutsam in die Natur integrierten Museumsbau des katalanischen Architekten Josep Lluís Sert sind Malereien, Reliefs und Skulpturen von Künstlern wie Miró, Braque, Chagall, Giacometti oder Calder zu sehen; viele davon wurden von den Künstlern eigens für das Haus und seine Gärten geschaffen. **50 Dinge** ㉕ › S. 15.

- **Fondation Maeght**
  623, chemin des Gardettes
  06570 Saint-Paul-de-Vence
  Tel. 04 93 32 81 63
  www.fondation-maeght.com
  Tgl. 10–18, Juli–Sept. bis 19 Uhr

Künstlerspuren

Nach einer schweren Operation schuf der seit 1917 in Nizza lebende **Henri Matisse** für die Nonnen, die ihn gesundpflegten, um 1950 eine Kapelle in Vence, die Chapelle du Rosaire. Von den Glasfenstern über den Altaraufsatz bis hin zu den Messgewändern trägt alles die Handschrift des neben Picasso bedeutendsten Künstlers der klassischen Moderne.

Der Versuchung, in einer alten Burg mit Blick aufs Meer für einige Monate arbeiten und mit seiner damaligen Gefährtin Françoise Gilot leben zu können, widerstand **Pablo Picasso** nicht, als ihm von der Stadt Antibes 1946 dieses Angebot gemacht wurde. Die damals in der ehemaligen Grimaldi-Burg entstandenen Werke bilden heute die Basis für das malerisch gelegene Picasso-Museum.

Der Dichter und Regisseur **Jean Cocteau,** der sich auch zur Malerei berufen fühlte, malte 1957 den Hochzeitssaal des Rathauses von Menton aus. Mit viel Gold wiedergegeben, schmücken in schlanken Linien der leierspielende Orpheus oder eine Zitronenpflückerin mit ihrem Bräutigam die Wandflächen.

- **Chapelle du Rosaire**
  466, ave. Henri Matisse | 06140 Vence
  Tel. 04 93 58 03 26
  http://chapellematisse.com
  Tgl. außer So/Mo 14–18, Nov.–März
  14–17, Di, Do, Fr auch 10–12 Uhr.
  19.11.–19.12. geschl.
- **Musée Picasso**
  Place Mariejol | 06600 Antibes
  Tel. 04 92 90 54 20 / 26
  Tgl. außer Mo 10–12 und 14–18 Uhr,
  15.6.–15.9. 10–18 Uhr, Juli/Aug. Mi
  und Fr bis 20 Uhr. 1.1., 1.5., 1.11.,
  25.12. geschl.
- **Salle des Mariages**
  im Rathaus | Place Ardoïno | Menton
  Tel. 04 92 10 50 00
  Tgl. außer Sa, So, Fei 8.30–12.30,
  14–17 Uhr

Feste & Veranstaltungen

Januar: Festival International du Cirque in Monte Carlo (www.monte carlofestival.mc); **Rallye Monte Carlo** (www.acm.mc).

Februar: Fête du Citron in Menton (www.fete-du-citron.com); **Karneval** in Nizza (www.nicecarnaval.com); **Fête du Mimosa** (Mimosenfest) in Mandelieu-La Napoule (www.frank reich-mandelieu.com).

März: La Colombe d'Or (Zauberer- und Magier-Festival) in Antibes (www.antibesjuanlespins.com).

April: Salon Antiquités-Brocante (Antiquitäten und Trödel) in Antibes (www.salon-antiquaires-antibes.com); **Antibes Yacht Show** in Antibes (www.antibesclassicyachtshow.com).

Mai: Grand Prix de Monaco (www.acm.mc); **Festival de Cannes** (www.festival-cannes.com); **Les Bravades** (traditioneller Umzug zu Ehren des Stadtheiligen) in St-Tropez (www.ot-saint-tropez.com).

Juli: Nice Jazz Festival in Nizza (www.nicejazzfestival.fr); **Jazz à Juan** in Antibes Juan-les-Pins (www.jazz ajuan.com); **Nuits du Sud** (Weltmusik) in Vence (www.nuitsdusud.com).

August: Festival Pantiero (elektronische Musik) in Cannes (www.festival pantiero.com); **Festival pyrotechnique** (Feuerwerke) in Cannes (www.festival-pyrotechnique-cannes.com); **Festival de Musique** (Klassik) in Menton (www.festival-musique-menton.fr).

September: Les Voiles de St-Tropez (historische Segelregatta) in St-Tropez (www.lesvoilesdesaint-tropez.fr); **Les Étoiles de Mougins** (Festival der Chefköche) in Mougins (www.lesetoilesde mougins.com).

Oktober: La Fête des Châtaignes (Kastanienfest) in Collobrières (www.collobrieres-tourisme.com).

November: Festival de Danse (Tanz) in Cannes (alle zwei Jahre in ungeradzahligen Jahren; www.festivaldedanse-cannes.com).

Dezember: Le circuit des crèches (Weihnachtskrippen-Rundweg) in Lucéram (www.luceram.com).

Das ganze Team des Rennstalls ist gefordert beim Grand Prix von Monaco

Essen & Trinken

Traditionell isst man an der vom milden Klima verwöhnten Küste ausgewogene, vor allem auf frischem Gemüse und Fisch basierende Gerichte.

Sie sind allerdings nicht immer überall zu bekommen, denn wo viele Urlauber Station machen, siedeln sich auch Restaurants an, in denen der Gast eher für den berauschenden Blick aufs Meer als für die Qualität des Essens zahlt. Ein Menu du marché, das sich am Angebot des Wochenmarkts orientiert, zeigt meistens an, dass hier regional gekocht wird. Die Küche der Côte d'Azur ist stark von der italienischen beeinflusst, kann sich aber einer Vielzahl von Spezialitäten rühmen.

Fisch, Fleisch und immer wieder Gemüse

Die *poissons de roche*, die Felsenfische, gehören, auch wenn sie heute nicht mehr ausschließlich vor der eigenen Haustür gefischt werden, auf die Speisekarte eines jeden guten Fischrestaurants. Mindestens vier verschiedene Felsenfische gehören zum Grundrezept einer authentischen und meist recht teuren *bouillabaisse*, der mediterranen Fischsuppe par excellence. Die weniger aufwendig zubereitete *bourride* oder die *stocaficada* (Eintopf vom Stockfisch) ist günstiger zu haben. Die passierte *soupe de poissons* wird wie die *bouillabaisse* auch mit *rouille* (scharfer Knoblauch-Chili-Mayonnaise) und gerösteten Croûtons serviert. Wer Fisch nicht in der Suppe, sondern begleitet von Gemüse, einem Ei und Kartoffeln verspeisen möchte, der greift zum *aïoli*, einem Tellergericht, das mit der gleichnamigen Knoblauchmayonnaise serviert wird. Gegrillter Fisch findet sich oft auch in der Gesellschaft der berühmten *ratatouille*, für die alle Gemüse zunächst separat zubereitet werden. Die *soupe au pistou* vereint die Gemüse zur Suppe, begleitet von Basilikum. Gern werden auch alle möglichen Gemüsesorten mit einer Hackfleischfüllung versehen und als *petits farcis* verspeist.

Was wäre ein Besuch von Nizza, ohne *salade niçoise* in der Altstadt gegessen zu haben? Frische Sommergemüse wie Tomate und Gurke, dazu hartgekochtes Ei und Thunfisch, vereint mit Olivenöl, Basili-

Die Bouillabaisse ist der Klassiker der südfranzösischen Fischküche

kum, Knoblauch und schwarzen Oliven sind die Grundzutaten zu den vielen Varianten. Geschmortes Rindfleisch, *bœuf en daube,* duftet nach den Kräutern der Provence und wird an der Küste mit *gnocchi* oder auch *polenta* serviert. Auf die Schnelle mit Salz und Pfeffer (und mit den Fingern!) isst man in Nizza die *socca,* einen hauchdünnen Fladen aus Kichererbsenmehl. Herzhafter schmeckt die *pissaladière,* eine Art Zwiebelkuchen mit Anchovis (Sardellen) und schwarzen Oliven. *Pan bagnat,* wörtlich feuchtes Brot, ist die Antwort Südfrankreichs aufs Sandwich. Triefend vor Olivenöl wird es mit fast allem belegt, was auch zur *salade niçoise* gehört.

Erst mal einen Pastis …

Pastis bedeutet im Provenzalischen »Mischung« – und genau die ist im Glas, wenn man dem 45 Vol.-% starken klaren Anisschnaps so viel Wasser beimischt, dass ein *petit jaune* daraus wird. Dieser nun trübe und gelbliche Aperitif stammt aus Marseille, lässt aber in ganz Südfrankreich den Arbeitstag in einer Bar ausklingen oder die Vorfreude auf ein gutes Essen einläuten.

Die Trauben für die Weine der Côte d'Azur wachsen überwiegend im Département Var, das als der weltweit größte Produzent von Côtes-de-Provence- und Coteaux-Varois-Roséweinen gilt. Aber auch Weiß- und Rotweine stammen von hier. Einer eigenen geschützten Herkunftsbezeichnung (AOC) können sich zwei kleine Anbaugebiete rühmen: Cassis und Bandol, die für ihre hervorragende Qualität bekannt sind. Im Norden von Nizza liegt zudem das winzige Anbaugebiet Bellet, dessen Rot-, Rosé- und Weißweine gut, aber entsprechend teuer und außerhalb Nizzas kaum aufzutreiben sind.

❗ Erst-klassig

Die besten Fischrestaurants

- **Grand Café de Turin** in Nizza. Das Fischrestaurant unter Arkaden am Rand der Altstadt ist eine Institution in Nizza. › S. 62
- **Aqua** in Nizza. Fernab der Touristenpfade werden in diesem Bistro de la Mer in unmittelbarer Hafennähe die frischesten Fische zubereitet. › S. 62
- **Astoux et Brun** in Cannes. Seit 1953 Traditionsadresse für die Liebhaber von Fisch- und Meeresfrüchten. › S. 96
- **L'Oursin** in Antibes. Man fühlt sich wie auf einem Segelboot, das Innendekor könnte maritimer kaum sein. Da schmecken die Fischgerichte noch besser. › S. 103
- **Le Girelier** in St-Tropez. Schickes, modern gestyltes Fischrestaurant in bester Lage direkt am Hafen. › S. 131
- **Nino** in Cassis. Mancher kommt vor allem wegen der Aussicht auf den Hafen hierher, aber der frische Fisch ist den Besuch genauso wert. › S. 145
- **La Poissonnerie Laurent** in Cassis. Einfach, aber authentisch; hier treffen sich auch die Einheimischen zum Fischessen. › S. 145

Moustiers-Ste-Marie in der Hochprovence

TOP-TOUREN & SEHENS-WERTES

NIZZA

Kleine Inspiration

- **Die Stadt kreuz und quer durchstreifen** – mit dem Mietfahrrad für nur 1,50 € täglich › S. 56
- **Nachmittags englischen Tee trinken** oder abends einen Cocktail in der Bar Le Relais des Palasthotels Negresco › S. 57
- **Den Markt auf dem Cours Saleya besuchen** und dann bei einem Aperitif das bunte Treiben noch ein wenig beobachten › S. 59, 62
- **Den Blick vom Schlossberg schweifen lassen** hinunter auf die Altstadt und den Hafen › S. 60

Ob an der Promenade des Anglais oder in der italienisch geprägten Altstadt: Nizza mit seinem Belle-Époque-Charme ist nicht nur die Hauptstadt, sondern auch der Inbegriff der Côte d'Azur.

Wenn Franzosen von der Côte d'Azur sprechen, dann denken sie zuallererst an *Nice*. Die einzige Großstadt (über 350 000 Einw.) an der Côte d'Azur hat sich den Charme einer mediterranen Küstenmetropole erhalten. Jahrhundertelang gehörte Nizza zu Savoyen und stand unter italienischem Einfluss, erst 1860 kam es zu Frankreich.

Die Unterschiede zwischen der rechtwinklig angelegten Neustadt und der verwinkelten Altstadt könnten größer kaum sein. Wer schicke Geschäfte sucht, bleibt in der Neustadt, wer gut und urig essen oder sich abends in Klubs und Bars vergnügen möchte, den zieht

eher ins *vieux Nice*. Auf dem nördlichen Hügel über Nizza, im Ortsteil Cimiez, liegen gediegene Villen, alte Hotelpaläste, in denen heute Wohnungen vermietet werden, und Reste der ehemaligen Römersiedlung Cemenelum. Östlich der Altstadt schiebt sich der Schlossberg zwischen Altstadt und Hafenbecken.

Nizzas Strand an der Engelsbucht ist lang, aber kiesig. Der Name der Flaniermeile am Meer, Promenade des Anglais, erinnert an die englischen Kurgäste, die vor über 200 Jahren die *French Riviera* als begehrtes Winterziel der Aristokratie in Mode brachten und so den Tourismus an der Côte d'Azur begründeten.

Touren durch die Stadt

 Tour 1 **Promenade und Museen**

Karte: Seite 54
Dauer: 1 Tag
Praktische Hinweise:

- Die Tour kann man zu Fuß unternehmen. Zum Musée Chagall und nach Cimiez hinauf führt die Buslinie 15 (ggf. umsteigen in der Innenstadt).
- Das Musée des Beaux-Arts ist montags, das Palais Masséna sowie Chagall- und Matisse-Museum sind dienstags geschlossen.

Verlauf: Place Masséna › Promenade des Anglais › Palais de la Méditerranée › Negresco › Palais Massena › Musée des Beaux-Arts › Musée Chagall › Cimiez/Musée archéologique › Musée Matisse › Franziskanerkloster

In der Altstadt von Nizza

Tour-Start:

Die zentrale **Place Masséna 1** › **S. 57** ist die Nahtstelle zwischen Alt- und Neustadt. Die eleganten Arkaden, die den Platz im Norden säumen, lassen an Turin denken. Nach Südwesten führt die Avenue de Verdun aufs Meer zu, gesäumt vom **Jardin Albert I**er, unter dem der im 19. Jh. überbaute Fluss Paillon noch immer als natürliche Grenze zwischen Alt- und Neustadt entlangfließt.

Schnell ist die berühmte **Promenade des Anglais** › **S. 57** erreicht. Auf der Ecke zur Rue du Congrès fällt der gewaltige Bau des **Palais de la**

Nice (Nizza)

1	Place Masséna
2	Palais de la Méditerranée
3	Hotel Negresco
4	Palais Masséna
5	Musée des Beaux-Arts
6	Russisch-orthodoxe Kathedrale
7	Musée Chagall
8	Musée d'art moderne et d'art comtemporain (MAMAC)
9	Acropolis
10	Palais Lascaris
11	Cathédrale Sainte-Réparate
12	Cours Saleya
13	Schlossberg
14	Musée de Terra Amata
15	Site Gallo-Romain

Mediterranée **2** › S. 57 sofort ins Auge. Der monumentale Palast der 1930er-Jahre diente ursprünglich als Casino und beherbergt heute ein Luxushotel. Nur drei Straßen weiter steht seit 100 Jahren das Wahrzeichen der Promenade des Anglais, das noble Palasthotel **Negresco 3** › S. 57 mit seinem hoch aufragenden Eckturm. Direkt daneben liegt, etwas versteckt in einem Park, das elegante **Palais Masséna 4** › S. 57, in dem heute das Museum für Nizzas Stadtgeschichte beheimatet ist. Über die Promenade des Anglais führt der Weg weiter bis zur Rue Paul Valéry, über die bald das **Musée des Beaux-Arts 5** › S. 58 erreicht ist.

Nun empfiehlt es sich, einen Bus in die Innenstadt zu nehmen und dort in die Linie 15 umzusteigen, die zum modernen **Musée national Marc Chagall 7** › S. 58 führt. Anschließend geht es hinauf, entweder mit dem Bus oder zu Fuß, zum Ortsteil **Cimiez** › S. 60, der einstigen Römersiedlung, wo heute schicke Villen und ehemalige Hotelbauten der Belle Époque das Bild bestimmen. An der **Site Gallo-Romain 15** › S. 60 mit den Überresten der römischen Arena steht das moderne Gebäude des **Musée archéologique** › S. 60, während die karminrote Villa des Arènes daneben das **Musée Matisse** › S. 61 beherbergt. Auf dem Friedhof neben dem **Franziskanerkloster** › S. 61 von Cimiez liegt Henri Matisse begraben.

Wieder hinunter in die Stadt geht es dann mit den Buslinien 15 oder 17 in Richtung Place Masséna und Gare SNCF.

Altstadt und Hafen

Verlauf: Place Garibaldi › Musée d'art moderne et d'art comtemporain (MAMAC) › Palais Lascaris › Cathédrale Ste-Réparate › Cours Saleya › Schlossberg › Hafen › Musée de Terra Amata

Karte: Seite 54
Dauer: 1 Tag
Praktische Hinweise:
- Die Tour ist leicht zu Fuß zu bewältigen.
- Das Musée d'art moderne et d'art contemporain (MAMAC) und das Musée de Terra Amata sind montags, das Palais Lascaris ist dienstags geschlossen.

Tour-Start:

Mit der Anlage der **Place Garibaldi** › S. 59 wuchs Nizza Ende des 18. Jhs. erstmals über die Grenzen der Altstadt hinaus. Seit damals gibt es auch schon das **Grand Café de Turin** › S. 62, einst Postkutschenstation, heute ein Muss für Freunde von Meeresfrüchten. Kunstgenuss bietet das nahe **Musée d'art moderne et d'art comtemporain 8** › S. 58, das mit seiner Sammlung von Werken aus der zweiten Hälfte des 20. Jhs. über Nizza hinaus bekannt ist. Die Rue Pairolière taucht ein in die verwinkelte Altstadt. Der **Fischmarkt** › S. 63 auf der Place St-François ist ein Erlebnis. In der schmalen Rue Droite versteckt sich ein Architekturjuwel, das **Palais Lascaris 10**

Die Promenade des Anglais mit der unverkennbaren Kuppel des Grandhotels Negresco

› S. 59. Zentrum der Altstadt ist die im Gassengewirr großzügig wirkende Place Rossetti mit der barocken **Cathédrale Ste-Réparate** 11 › S. 59. Eisfreunde kommen hier bei Fenocchio auf ihre Kosten (2, pl. Rossetti) **50 Dinge** ⑮ › S. 14. Etwas südlicher lockt der **Cours Saleya** 12 › S. 59 nicht nur Einheimische mit unzähligen Lokalen und v. a. dem **Gemüse- und Blumenmarkt** › S. 62. Zwei Reihen flachgedeckter Häuser, die *ponchettes*, trennen den Platz vom Kai. Heute sind hier vor allem Restaurants eingezogen. Der **Schlossberg** 13 › S. 60 lässt sich über eine steile Treppenanlage oder einen in den Felsen gebauten Aufzug von der Rue des Ponchettes aus erklimmen. Überwältigende Ausblicke warten als Belohnung. Auf der Ostseite des Schlossbergs liegen Jacht- und Handelshafen von Nizza, an deren Kais sich Bars und Restaurants drängeln.

Wer nun noch Lust hat, prähistorische Funde anzusehen, geht ein paar Schritte weiter zum **Musée de Terra Amata** 14 › S. 60 und fährt dann per Bus (Linie 81, 100) zurück ins Zentrum.

Verkehrsmittel

- Den **öffentlichen Nahverkehr** Nizzas (Straßenbahn und ein dichtes Busnetz) sowie die Verbindungen ins Umland betreibt **Lignes d'Azur** › S. 28.
- Zwischen dem **Flughafen Nice Côte d'Azur** (www.nice.aeroport.fr) und dem Gare SNCF verkehrt alle 30 Min. der Expressbus 99, zur Pl. Gambetta fährt die (reguläre) Linie 23 (ab Ende 2018 neue Tramlinie 2 von der Innenstadt zum Flughafen); dazu gibt es Direktbusse in viele andere Städte.
- **Züge** des Nah- und Fernverkehrs (auch TGV) halten am **Gare SNCF** (ave. Thiers); der Train des Pignes nach Digne-les-Bains geht vom eigenen **Gare des Chemins de Fer de Provence** (Rue Alfred Binet; › S. 150).
- An zahlreichen Punkten der Stadt kann man für 1,50 € pro Tag (oder 5 € die Woche) **»vélo-bleu«-Fahrräder** leihen; die Gebühr zahlt man per Anruf vom Handy und Kreditkartennummer (www.velobleu.org).

Unterwegs in Nizza

Neustadt

Place Masséna **1** [b4]

Der großzügige Platz, ein beliebter Treffpunkt, markiert das Stadtzentrum und den Beginn der Shopping-Meile **Avenue Jean Médecin**. Wasserfontänen steigen aus dem Bassin der imposanten Fontaine de Soleil empor. Alt- und Neustadt trennt das einstige Flussbett des Paillon, inzwischen unter Parkhäusern, Grünflächen und dem Kongresspalast verschwunden. 1860 legte man auf dem zugeschütteten Flusslauf den Park **Jardin Albert Ier** an. Zur »Möblierung« der grünen Lunge gehören der eiserne Bogen Arc Bernard Venet und das Zelt des Théâtre de Verdure.

Promenade des Anglais ⭐ [a/b4]

Die lebhafte Prachtstraße **50 Dinge** ④ › **S. 12** parallel zum Meer reicht von der Altstadt auf gut 7 km Länge bis fast zum Flughafen. Der Kiesstrand an der Südseite ist laut und zum Baden eher ungeeignet – aber sehr »in«. Aus den Gründerjahren des 19. Jhs. stammen die kleinen Villen, die an der östlichen Verlängerung der Promenade des Anglais, dem **Quai des États-Unis**, den nostalgischen Charme einer historischen Sommerfrische ausstrahlen.

Palais de la Méditerranée **2** [b4]

Ein Schmuckstück der Promenade ist das Palais, das um 1930 für den amerikanischen Millionär Gould als Spielbank im Art-déco-Stil errichtet wurde. Erhalten geblieben ist die pompöse Fassade mit den dominanten Fenstern. Dahinter verbirgt sich heute das gleichnamige Luxushotel (https://nice.regency.hyatt.com, Tel. 04 92 27 12 34).

Hotel Negresco **3** ⭐ [a4]

Als markantes architektonisches Relikt der Belle Époque bestimmt die rosafarben gedeckte Eckkuppel des Hotels die Promenade. 1913 vom rumänischen Immigranten Henri Negresco eröffnet, machte es wechselvolle Zeiten durch. Es beherbergte die VIPs des beginnenden 20. Jhs., diente im Ersten Weltkrieg als Hospital, wurde geschlossen und 1957 wiedereröffnet. Seit 1974 steht es unter Denkmalschutz. Als eines der letzten Grandhotels, in dem die Mächtigen dieser Welt ein- und ausgingen, ist das Negresco ein lebender Mythos. Könnten die Wände der Bar reden, wüssten sie von Zechgelagen so hochkarätiger Gäste wie Coco Chanel, Ernest Hemingway oder Marlene Dietrich zu erzählen (Tel. 04 93 16 64 00, www.hotel-negresco-nice.com).

Musée Masséna **4** [a4]

Nizzas Stadtgeschichte und die Gemälde lokaler Künstler kann man im **Musée d'Art et d'Histoire** studieren, das im Palais Massena untergebracht ist. Das Gebäude hatte der Enkel des Marschalls André Massé-

Ungewohnte Architektur an der Côte d'Azur: die russisch-orthodoxe Kathedrale

na 1918 der Stadt unter der Bedingung vermacht, dass es als Museum genützt würde (65, rue de France, Tel. 04 93 91 19 10; tgl. außer Di 10 bis 18, 16.10.–22.6. ab 11 Uhr; Eintritt 10 € › **auch S. 153**).

Musée des Beaux-Arts **5**

Das ca. 1 km westlich des Hotels Negresco gelegene Kunstmuseum präsentiert unter anderem Gemälde des 17. bis 19. Jhs. Die 1876 erbaute Villa gibt den gebührenden Rahmen für Exponate wie Keramiken von Pablo Picasso, Skulpturen von Auguste Rodin und Bilder von Raoul Dufy ab (33, ave. des Beaumettes, www.musee-beaux-arts-nice.org, Tel. 04 92 15 28 28; tgl. außer Mo 10–18 Uhr; Eintritt 10 € › **auch S. 153**).

Musée des Arts Asiatiques

Das von dem Architekten Kenzo Tange gestaltete Museum ein Stück außerhalb des Zentrums in Flughafennähe ist ein Gesamtkunstwerk. Es zeigt 200 Werke chinesi-

scher, indischer, japanischer und kambodschanischer Kunst von der Steinzeit bis heute (405, Promenade des Anglais Arenas, www.arts-asiatiques.com, Tel. 04 92 29 37 00; tgl. außer Di 10–18, Sept.–Juni 10 bis 17 Uhr, Eintritt frei).

Russisch-orthodoxe Kathedrale **6** [a3]

Im Auftrag der Zarenfamilie, die während des Winters oft in Nizza weilte, wurde 1903 die Kirche erbaut. Mit ihren sechs auffälligen Zwiebeltürmen ist sie die prächtigste und größte ihrer Art außerhalb Russlands. Der Innenraum ist reich mit Ikonen, Fresken und Schnitzereien ausgeschmückt (Bd. du Tsarévitch; tgl. außer Mo ab 9 Uhr, Gottesdienste jeweils Sa abends und So vormittags). **50 Dinge** (27) › **S. 15.**

Musée national Marc Chagall **7** [c2]

Zwischen Cimiez und dem Stadtzentrum liegt das 1972 errichtete Musée national Marc Chagall. Es besitzt die weltweit größte Sammlung von Werken des russischstämmigen Künstlers. Hauptwerke sind die 17 Ölgemälde, zu denen sich der streng gläubige Chagall von der Bibel anregen ließ (Ave. Docteur Ménard, Tel. 04 93 53 87 20, www.musee-chagall.fr; tgl. außer Di 10 bis 18, Nov.–April 10–17 Uhr).

Musée d'art moderne et d'art comtemporain (MAMAC) **8** [c3]

Mit diesem Museumsbau wurden unübersehbare städtebauliche Akzente gesetzt. Seine Sammlungen der Nouveaux Réalistes umfassen u. a. Arbeiten von Yves Klein und Martial Raysse sowie von Andy Warhol, Robert Rauschenberg und Roy Lichtenstein (Promenade des Arts, www.mamac-nice.org; tgl. außer Mo 11–18 Uhr; Eintritt 10 € › **auch S. 153**).

Acropolis 9 [d3]

Der antike Name bezeichnet einen gigantischen postmodernen Bau. Auf einer Gesamtlänge von fast 340 m erstreckt sich zwischen dem Boulevard Risso und der Avenue Gallieni das Kongress- und Kulturzentrum (www.nice-acropolis.com). Kenner loben die ausgezeichnete Akustik des großen Theatersaals im Acropolis in höchsten Tönen.

Den Vorplatz des Ausstellungstrakts schmücken die fröhlichen Figuren von Niki de Saint-Phalle.

Altstadt und Schlossberg

Place Garibaldi [d3]

Von ockergelben Fassaden und luftigen Arkaden umrahmt, erinnert der quadratische Garibaldi-Platz an Turin. Im 18. Jh. angelegt, als noch das Haus Piemont-Sardinien über Nizza regierte, markiert er heute das nördliche Ende der Altstadt.

Palais Lascaris 10 [c4]

Das barocke Palais ist mit seiner prächtigen Fassade mit Abstand das eleganteste Gebäude von ganz Nizza. 1942 kaufte die Stadt den mit einem herrlichen Treppenhaus, Prunkräumen und reizvollen Deckengemälden ausgestatteten Palast und baute ihn zu einem Museum um. Neben Wechselausstellungen werden Exponate des lokalen Kunsthandwerks gezeigt. Die Apotheke, ein Kleinod im Erdgeschoss, wird auf das Jahr 1738 datiert. (15, rue Droite, Tel. 04 93 62 72 40, www.palais-lascaris-nice.org, tgl. außer Di 10–18, 16.10.–22.6. ab 11 Uhr; Eintritt 10 € › **auch S. 153**).

Cathédrale Sainte-Réparate 11 [c4]

Die im 17. Jh. erbaute Kathedrale ist der hl. Reparata, einer frühchristlichen Märtyrerin geweiht. Die Kuppel überragt mit ihren farbig gebrannten Dachschindeln die Altstadt. Das etwas düstere Innere schmücken aufwendige barocke Stuckverzierungen.

Cours Saleya 12 [c4]

Die lang gestreckte Platzanlage des Cours Saleya fungiert als Flanier- und Restaurantmeile sowie als Marktplatz der Altstadt. Der bunte Gemüse- bzw. Blumenmarkt (tgl. außer Mo › **S. 62**) gehört zu den größten und authentischsten der ganzen Côte d'Azur. Gönnen Sie sich hier an einem Stand zumindest einen *socca*-Fladen! **50 Dinge** (11) › **S. 13**. Die niedrige Häuserreihe der Ponchettes, einst Lagerhäuser des alten Hafens, trennt den Cours Saleya von der Uferstraße Quai des États-Unis und dem breiten Kieselstrand von Nizza. Wenn die Marktstände am Nachmittag verschwunden sind, bestimmen die Terrassen der Restaurants und Bars das Bild.

Schlossberg 13 [d4]

Die **Colline du Château** erreicht man entweder mit dem Fahrstuhl am Tour Bellanda auf der Südseite (ab ca. 8.30 Uhr), zu Fuß der Rue Ségurane auf der Nordostseite folgend, oder auf etwas beschwerlichere Weise über verschiedene Treppen.

Von der obersten Plattform, der Terrasse Frédéric-Nietzsche, bietet sich ein schöner Rundblick über die roten Ziegeldächer der Altstadt. Kein Wunder, dass der deutsche Philosoph während seiner Aufenthalte an der Côte hier gerne spazieren ging.

Das eigentliche Château gibt es nicht mehr. Die mittelalterliche Burg wurde 1706 bis auf die Grundmauern zerstört. Am äußersten Ende des Hügels erhebt sich machtvoll der **Tour Bellanda** aus dem Jahr 1825. Vom Dach des Turmes eröffnet sich ebenfalls ein grandioser Rundblick über die Altstadt.

Musée de Terra Amata 14 [d4]

Das prähistorische Museum auf der (vom Schlossberg aus gesehen) anderen Seite des Hafens wurde genau über der Fundstelle einer vorgeschichtlichen Siedlung errichtet. Neben den jahrtausendealten Steinwerkzeugen und einem Schädelfragment ist v. a. der originalgetreue Schnitt durch die Erdschichten aus dem Höhlensystem des östlichen Stadtbergs Mont Boron interessant (25, bd. Carnot, Tel. 04 93 55 59 93, www.musee-terra-amata.org, tgl. außer Di 10–18, 16.10.–22.6. ab 11 Uhr; Eintritt 10 € › auch S. 153).

Cimiez

Den auf dem Hügel nördlich der Altstadt gelegenen Stadtteil Cimiez, das einstige römische Cemenelum, erreicht man am einfachsten über den schnurgeraden **Boulevard de Cimiez**. Der »Römerhügel« hat sich zu einer der exklusivsten Adressen Nizzas entwickelt. Queen Victoria pflegte in dem 1896 eigens für sie gebauten Hôtel Régina Palace zu logieren. Das Gebäude mit Glasveranda, Türmchen auf dem Dach und aufwendig gestalteter Fassade kann nur von außen bewundert werden; aus dem Hotel wurden private Appartements. Henri Matisse besaß hier eine Wohnung.

Site Gallo-Romain 15 [c1]

Ganz oben auf dem Cimiez-Hügel liegt das Ausgrabungsgelände der gallisch-römischen Siedlung mit dem großen Amphitheater *(arènes)*. Heute findet hier im Juli ein Jazzfestival statt. Die römischen Thermen zählen zu den größten Badeanlagen, die bislang in Gallien freigelegt wurden. Weitere Zeugnisse der römischen Vergangenheit sind im modernen Gebäude des **Musée archéologique** neben den Ausgrabungsstätten ausgestellt (160, ave. des Arènes de Cimiez, Tel. 04 93 81 59 57, www.musee-archeologique-nice.org, tgl. außer Di 10–18, 16.10.–22.6. ab 11 Uhr; Eintritt 10 € › **auch S. 153**).

Musée Matisse ★ [c1]

Henri Matisse unterhielt in Cimiez ein Atelier, in dem er die letzten Jahre seines Lebens arbeitete. Die Sammlung seiner Werke, die in der Villa des Arènes gezeigt wird, umfasst Zeichnungen, Ölgemälde und Bronzeplastiken sowie einen Großteil seines bildhauerischen Werks (164, ave. des Arènes de Cimiez, Tel. 04 93 81 08 08, www.museematisse-nice.org; tgl. außer Di 10 bis 18, 16.10.–22.6. ab 11 Uhr; Eintritt 10 € › **auch S. 153**).

Franziskanerkloster [c1]

Lange bevor die High-Society und die Künstler Cimiez für sich entdeckten, brachten die Franziskaner neues Leben in das Viertel. Im 16. Jh. übernahmen und erweiterten sie das **Monastère de Cimiez** (östlich der Ausgrabungen). Leben und Werk der Mönche dokumentiert das angeschlossene **Musée Franciscain** (Place du Monastère, Tel. 04 93 81 00 04, tgl. außer So 10 bis 12, 15–18 Uhr). Die Kirche **Notre-Dame-de-Cimiez** birgt das älteste Werk von Louis Bréa, dem Hauptvertreter der École de Nice: Er schuf 1475 das dreiflügelige Altarbild mit einer Pietà in der Mitte (tgl. 8–12.30, 14–18.30 Uhr). Auf dem Klosterfriedhof haben die Maler Henri Matisse und Raoul Dufy ihre letzte Ruhestätte gefunden.

Info

Office de Tourisme

• 5, promenade des Anglais
06302 Nice | Tel. 04 92 14 46 14
www.nicetourism.com

Im Musée Matisse

Weitere Büros am Bahnhof (Gare SNCF, ave. Thiers) und am Flughafen.

Comité Régional du Tourisme Riviera Côte d'Azur

• 455, promenade des Anglais
Tel. 04 93 37 78 78
www.cotedazur-tourisme.com

Hotels

Beau Rivage €€€

Zeitgenössisch eingerichtetes Luxushotel, zentral gelegen nahe Jardin Albert 1er und mit privatem Strand.

• 24, rue St. François de Paule
Tel. 04 92 47 82 82
www.hotelnicebeaurivage.com

Hôtel de Flore €€€

Hotel in der Nähe der Promenade mit provenzalischem Flair.

- 2, rue Maccarani
  Tel. 04 92 14 40 20
  www.hoteldeflore-nice.fr

Hôtel Suisse €€€
[!] Modernes Hotel in alten Gemäuern
am Burgberg von Nizza mit Blick auf die
Engelsbucht und den Cours Saleya.
- 15, quai Rauba Capeu
  Tel. 04 92 17 39 00
  www.hotel-nice-suisse.com

La Pérouse €€€
Schickes Boutiquehotel inmitten von
Zitronenbäumen unterhalb des Schlossbergs. Zimmer mit Meerblick.
- 11, quai Rauba Capeu
  Tel. 04 93 62 34 63
  www.leshotelsduroy.com

Villa Bougainville €€
Belle-Époque-Hotel in Bahnhofsnähe,
zeitgenössisches, buntes Ambiente,
frisch restauriert.
- 29, ave. Thiers | Tel. 04 93 88 96 81
  http://de.villa-bougainville.fr

Restaurants
Acchiardo €€
Seit 1927 eine der besten Adressen für
einheimische Küche. Sa/So geschl.
- 38, rue Droite | Tel. 04 93 85 51 16

Aqua (Bistrot de la Mer) €€
Uriges Bistro in Hafennähe [!] mit
exzellenten Fischgerichten in lockerer
Atmosphäre. Sa/So geschl.
- 41, boulevard Stalingrad
  Tel. 04 97 19 08 15

L'Ecurie €€
Originelles Altstadtrestaurant mit typischen Gerichten aus Nizza. Besonders

zu empfehlen der gemischte Vorspeisen-
teller »Assiette niçoise« mit *petit farçi*
und Ratatouille. **50 Dinge** (18) › **S. 14.**
- 4, rue du Marché (Altstadt)
  Tel 04 93 62 32 62
  http://restaurantlecurie-nice.com

Lou Balico €€
Typisches Restaurant am Rand der Altstadt mit regionaler Küche.
- 20–22, ave. St-Jean Baptiste
  Tel. 04 93 85 93 71
  www.loubalico.com

Grand Café de Turin €
Alles Essbare aus dem Meer [!] landet
tagfrisch hier unter den Arkaden an der
Place Garibaldi im stets gut besuchten
Grand Café. Ab 35 € gibt's eine *panaché
des fruits de mer* (Meeresfrüchteplatte).
Tgl. 8–22 Uhr.
- 5, place Garibaldi | Tel. 04 93 62 29 52
  www.cafedeturin.fr

La Maison de Marie €
Schönes, überwiegend in rot gehaltenes
Restaurant mit mediterraner, abwechs-
lungsreicher Küche.
- 5, rue Masséna (Fußgängerzone)
  Tel. 04 93 82 15 93
  www.lamaisondemarie.com

Shopping
- Der [!] Cours Saleya, einst ein vorneh-
  mer Korso, ist heute Kulisse für den
  Gemüsemarkt (tgl. außer Mo 6 bis
  13.30 Uhr) und den **Blumenmarkt**
  (Di, Do, Fr 6–17.30, Mi, Sa 6–18.30, So
  6–13.30 Uhr). Montags findet hier ein
  Trödelmarkt statt (8–17.30 Uhr).
- Die Place St-François in der Altstadt,
  auf der einst die Postkutschenlinien
  nach Nizza endeten, ist heute Schau-

platz des lebhaften **Fischmarkts**
(Di–So 6–13 Uhr).

- In der Rue du Paradis unweit des Jardin Albert Ier und in ihrer Verlängerung, der Rue Alphonse Karr, sind alle
bekannten Modelabels mit ihren Boutiquen vertreten.

- Wer gern in Kaufhäusern shoppt, findet sein Glück in den **Galeries Lafayette** an der Place Masséna oder im
Einkaufszentrum **Nice Etoile** auf der
Avenue Jean Médecin.

Alziari

Hier dreht sich alles um Olivenöl und
Olivenbaumholz. Besonders schön (und
ideal für das Verstauen im Koffer) sind
die *bidons*, die metallenen Ölbehälter,
mit dem farbenfrohen Markenaufdruck.
Tgl. außer So 8.30–12.30, 14.15–19 Uhr.

- 14, rue St. François de Paule
Tel. 04 93 85 76 92
www.alziari.com.fr

Pascal Lac

Bei Pascal Lac wird nicht einfach Schokolade verkauft. Die herrlichen Kreationen sind eigentlich zu schön, um sie einfach zu essen.

- 18, rue Barla
Tel. 04 93 55 37 74
oder 49, rue Gioffredo
Tel. 04 93 82 57 78
www.patisseries-lac.com

Maison Auer

Traditionelle Süßigkeiten – und zwar
schon seit fast 200 Jahren. **50 Dinge**
(34) › **S. 16.** Tgl. außer Mo 9–13.30,
14.30–18 Uhr.

- 7, rue St. François de Paule
Tel. 04 93 85 77 98
www.maison-auer.com

Domaine de la Source

Auf dem Gut nördlich von Nizza bekommt man die seltenen Weine der winzigen AOC Bellet. **50 Dinge** (12) › **S. 13.**

- 303, chemin de Saquier
06200 St-Roman de Bellet
Tel 04 93 29 81 60
www.domainedelasource.fr

**! Erst-
klassig**

Die besten Nightlife-
Adressen der Côte

- **High Club** in Nizza. Gleich drei
Klubs unter einem Dach: High,
Studio 47 (Stil Disco 80er-Jahre)
und Sk'High (Gay). (45–47, promenade des Anglais, www.high
club.fr, Fr–So 23.45–6 Uhr).

- **Jimmy'z** in Monaco, Mondänes
Nightlife im Fürstentum bis Son-
nenaufgang. › **S. 76**

- **Le Bâoli** in Cannes. Ein Hauch
von Exotik am Pool, lackierte
Eleganz im Inneren. › **S. 97**

- **KA Club Restaurant** in Cannes.
Ein Klub mitten im Geschehen,
aber weniger mondän – was der
Stimmung nicht schadet. › **S. 98**

- **Le VIP Room** in St-Tropez. Hö-
henflüge des Selbstbewusstseins
sind garantiert für den, der hier
Einlass erhält. Für die sehr Schönen und Ultrareichen ein »must«
in St-Trop' (Residence du nouveau port, 0–6 Uhr, Sept.–Anfang
April geschl.).

- **Les Caves du Roy** in St-Tropez.
Die Konkurrenz zum VIP Room,
also zwei Abende fürs Nachtleben
einplanen in St-Tropez. › **S. 132**

CORNICHES UND SEEALPEN

Kleine Inspiration

- **Den atemberaubenden Blick genießen** von der Trophée des Alpes in La Turbie hinunter auf den Zwergstaat Monaco › S. 84
- **Den steilen Weg (Sentier Nietzsche) hinabsteigen,** der vom Bergdorf Eze zur Küste führt, und dabei grandiose Ausblicke genießen – und wie einst der Philosoph Friedrich Nietzsche vielleicht zu tiefen Einsichten gelangen › S. 84
- **Wandern vom Dorf La Brigue** zur völlig mit Fresken des 15. Jhs. ausgemalten Kapelle Notre-Dame des Fontaines, und so Natur und Kunst zusammenbringen › S. 86

Die Gegensätze könnten kaum größer sein zwischen der noblen, dicht bebauten und im Sommer überlaufenen Küste zwischen Nizza und Menton und ihrem in Teilen fast unberührten Hinterland.

Die Küste ist gleichzusetzen mit den drei legendären Straßen, den Corniches (Klippen- oder Steiluferstraßen), die zu den schönsten Panoramastrecken der Welt gehören. Pierce Brosnan alias James Bond wird 1995 bei seiner Verfolgungsjagd in »Golden Eye« allerdings wenig Zeit gefunden haben, sich an den Ausblicken von der Grande Corniche, der oberen der drei Klippenstraßen, zu delektieren. Doch auch die beiden anderen Corniches bieten Panoramen, für deren Genuss sich so mancher Autofahrer noch mehr Haltebuchten am Wegesrand wünschen würde.

Zwischen Nizza und Menton drängt sich das Fürstentum Monaco ans Ufer, bekannt für Geld- und echten Adel, das Casino Monte Carlo und exorbitante Immobilienpreise.

Die Straßen hinauf ins Hinterland, etwa ins bezaubernde Tal der Roya oder zum Mercantour-Nationalpark, sind extrem kurvenreich. Belohnt wird man mit dem Blick auf verschlafene, aber spektakulär gelegene Bergdörfer, abgelegene Kapellen und steile Felskulissen.

Touren in der Region

Straßen mit Ausblick: die Corniches

Route: Nizza › **Villefranche-sur-Mer** › **Cap Ferrat** › **Beaulieu-sur-Mer** › **Cap d'Ail** › **Monaco** › **Monte Carlo** › **Roquebrune-Cap Martin** › **Menton** › **La Turbie** › **Eze** › **Nizza**

Karte: Seite 79
Dauer: 2 Tage, ca. 80 km
Praktische Hinweise:

• Den Weg zur jeweiligen Corniche zu finden, ist nicht einfach. Von der nordöstlich des Hafens gelegenen Place Max Barel in Nizza zweigt die Moyenne Corniche (D 6007) zunächst als Corniche André Joly ab, die Grande Corniche (M 2564) als Boulevard de Riquier. Die untere, die Basse Corniche oder Corniche Inférieure (M 6098), startet direkt vom Hafen zunächst als Boulevard Carnot.

• Von Nizza nach Menton fährt auch ein Zug; die Bahnstrecke gehört zu den schönsten der Welt › **S. 150.**

Menton mit der Basilika St-Michel

Traum einer reichen Baronin: Villa Ephrussi de Rothschild auf Cap Ferrat

Tour-Start:

Von **Nizza** › S. 52 aus führt der Boulevard Carnot am Hafen östlich aus der Stadt hinaus und wird zur Basse Corniche (M 6098). Schon bald ändert sich die Küstenformation und wird kleinteiliger. Lang gestreckte Buchten wie die Baie des Anges (Engelsbucht) tauchen nicht mehr auf. **Villefranche-sur-Mer** **2** › S. 77 mit seiner imposanten Zitadelle liegt in einer kleinen Bucht. Eine weit ins Meer vorstoßende Halbinsel schließt sich an, das **Cap Ferrat** **3** › S. 77. Gemeinsam mit Monaco hat es die höchsten Immobilienpreise an der Côte d'Azur.

Westlich davon liegt **Beaulieu-sur-Mer** **4** › S. 79, ein kleiner Ort mit einem großen Casino. Über mehrere Kilometer verläuft die Corniche jetzt direkt an der Wasserkante. Die sonst dichte Bebauung lichtet sich deutlich. Mit **Cap d'Ail** **5** › S. 79 ist ein kleiner Badeort mit sehr schönen Stränden erreicht. Er grenzt direkt an das Fürstentum **Monaco** **1** › S. 70, doch die Grenze ist unmerklich. Sieht man einen Polizisten mit weißen Handschuhen, hat man Monaco erreicht. Unübersehbar thront **Monaco-Ville** mit Fürstensitz und Kathedrale auf dem mächtigen Grimaldi-Felsen. Tief im Felsen befinden sich riesige Parkhäuser, in denen Sie das Auto abstellen und hinaufsteigen können. Unschwer ist das gegenüberliegende **Monte Carlo** › S. 73 zu erkennen, zu dem ein breiter Küstenboulevard führt. Kaum hat man den Tummelplatz der Eitelkeiten vor dem Casino von Monte Carlo verlassen, ist schon bald wieder die Grenze des Fürstentums erreicht.

Zurück in Frankreich, mündet die Basse in die Moyenne Corniche (M 6007) ein, die nach **Roquebrune-Cap Martin** **10** › S. 83 führt. Hier sind vor allem die engen Gassen der Oberstadt **Haut-Roquebrune** sehenswert. Als Standort zum Übernachten eignet sich das Belle-Époque-Seebad **Menton** **6** › S. 80 mit seiner schönen Altstadt und den angenehmen Stränden.

Am nächsten Tag führt der Weg zunächst ein Stückchen zurück Richtung Westen. Hinter Cap Martin zweigt die Grande Corniche (M 2564) rechts ab und führt hinauf nach **La Turbie 11** › **S. 84**, berühmt für sein römisches Siegesdenkmal, sowie für den grandiosen Ausblick hinunter auf Monaco. Kurz danach geht es wieder auf die Moyenne Corniche, um in das wie ein Adlernest auf einer Felsspitze gelegene Dorf **Eze 12** › **S. 84** zu gelangen. Der schönste Blick über die sich tief unten vor dem strahlend blauen Meer ausbreitende Küste fällt in Richtung Nizza, das über die Moyenne Corniche bald wieder erreicht ist.

In die Seealpen

Tour-Start:

Von der Strandpromenade in **Menton 6** › **S. 80** führt die breite Avenue de Boyer direkt nach Norden. Über Castillon und viele Kurven ist nach 20 km **Sospel 13** › **S. 85** erreicht. Der mittelalterliche Ort mit seiner Barockarchitektur hat italienisches Flair – die Grenze ist nur 15 km entfernt. Nach weiteren 25 km gelangt man ins Dorf **Saorge 14** › **S. 86**, das majestätisch über dem wildromantischen Roya-Tal thront. Auch hier bestimmt der Barock das Bild des mittelalterlichen Handelsortes auf dem Weg ins Piemont. Und weiter geht es nach Norden. Oft folgen der Straße die Gleise des Train des Merveilles. Immer höhere Seealpengipfel drängen sich ins Blickfeld.

Ein Abstecher ins Gebiet des **Vallée des Merveilles 19** › **S. 87**, das zum Mercantour-Nationalpark gehört, bietet sich bei **St-Dalmas-de-Tende** [J1] an. Hier zweigt die D 91 nach Westen ab, doch spätestens beim über 1500 m hoch gelegenen Casterino, das sich im Winter in einen Skiort verwandelt, endet die befestigte Straße. Über 2000 m ragen hier die Bergspitzen in den blauen Himmel. Auch ein Abstecher nach Osten über die D 43 und La Brigue zur völlig mit Fresken zum Marienleben ausgemalten **Chapelle Notre-Dame des Fontaines 15** › **S. 86** lohnt den Umweg. **Tende 16** › **S. 86** mit sehenswertem mittelalterlichem Ortskern liegt an der ehemaligen Salzstraße und gehört erst seit 1947 zu Frankreich.

Am Abend kehrt man nach Sospel zurück, um dort die Nacht zu

verbringen und sich für den folgenden Tag zu stärken, denn die Strecke hinauf nach St-Martin-Vésubie ist extrem kurvenreich. Man überquert dabei den Pass **Col de Turini** [H1], über den jedes Jahr auch die Rallye Monte Carlo jagt. **St-Martin-Vésubie** [H1], auf 1000 m Höhe gelegen, ist im Winter als Skiort bekannt, während im Sommer Fernwanderwege zu Ausflügen in den westlichen Teil des nahen Mercantour-National-parks einladen.

Nun führt die Tour zunächst ein Stück zurück auf derselben Straße im Tal des Vésubie. Wer möchte, kann kurz vor **Rocquebillière** [H1] im Ortsteil Berthemont-les-Bains die dortigen Thermalquellen › S. 33 besuchen, eine kleine, aber feine Anlage. Über Lantosque gelangt man anschließend zu den **Gorges de la Vésubie** [H2]. Diese Schluchten lassen sich am besten kurz vor Duranus von der D 19 aus überblicken. Von Norden kommend, erreicht man schließlich nach knapp 20 km wieder **Nizza** › S. 52.

Im Hinterland von Nizza

Tour 5

Route: Nizza › Coaraze › Lucéram › Sospel › Peille › Peillon › Nizza

Karte: Seite 69
Dauer: 2 Tage, ca. 120 km
Praktische Hinweise:
- Diese Tour eignet sich nur für eine Fahrt mit dem Auto. Die Strecke ist sehr kurvenreich.

• Von Nizza bietet sich die Variante an, auf einer Teilstrecke des **Train des Merveilles** › S. 86 über Peillon und Peille bis nach Sospel zu fahren.

Tour-Start:

Der Weg zu den pittoresken Berg-dörfern im Hinterland führt von der Metropole **Nizza** › S. 52 zunächst in Richtung La Trinité und Contes. Über die D 15 gelangt man hinauf nach **Coaraze** 18 › S. 87. Das winzige Dorf ist bekannt für seine Kunsthandwerker, die sich hier in den letzten Jahrzehnten angesiedelt haben, und für seine Sonnenuhren, die kunstvoll die Hauswände schmücken.

Weiter nach Norden führt die D 15 bis zum Abzweig auf die D 2566 in Richtung Lucéram. Am Weg liegt, etwa 2 km vor Lucéram, die kleine Kapelle Notre-Dame de Bon Cœur mit Fresken aus dem 15. Jh. Steile und stille Gassen durchziehen das malerisch gelegene Dorf **Lucéram** 18 › S. 87, wo sich Reste der alten Befestigungsanlagen erhalten haben. Nun fährt man zunächst noch ein Stück nach Norden in Richtung Peïra-Cava, bis hinter dem Pas de l'Escous die D 54 rechts abzweigt. Über den 1330 m hohen Col de Braus führt dann die Tour mit vielen Serpentinen durch die einsame Bergland-schaft, in der schon die Radler der Tour de France in die Pedale getreten haben. Immer wieder fallen Betonbunker der »Maginot-Linie« am Wegesrand auf, die in den 1930er-

Touren in den Seealpen

Tour ③   **Straßen mit Ausblick: die Corniches**

› Detailkarte S. 79

Tour ④   **In die Seealpen**

Menton › Sospel › Saorge › Vallée des Merveilles › Tende › Sospel › Col de Turini › St-Martin-Vésubie › Rocquebillière › Gorges de la Vésubie › Nizza

Tour ⑤   **Im Hinterland von Nizza**

Nizza › Coaraze › Lucéram › Sospel › Peille › Peillon › Nizza

Jahren als Verteidigungsbollwerk errichtet wurden. **Sospel 13** › S. 85, einst wichtige Station auf der Handelsroute durch die Alpen, liegt in der Ebene der Bévéra. Über diesen Fluss spannt sich eine 500 Jahre alte Brücke, die früher als Zollstation für den Salzhandel diente und heute noch den alten Ortskern mit der Neustadt verbindet. In Sospel endet die Fahrt des ersten Tages.

Wieder über den Col de Braus und viele enge Kurven erreicht man über L'Escarène das *Village perché* **Peille 8** › S. 82. Dieses mittelalterliche Dorf mit seinen gewölbten Gassen und schmalen Arkaden steht unter Denkmalschutz. Weiter südlich liegt das winzige Bergdorf **Peillon 9** › S. 82, vielleicht das schönste *Village perché* der Côte d'Azur. Seine malerische Lage auf einer Felsspitze begeistert Fotografen. Von hier sind es weniger als 20 km bis zurück an die lärmende Küste und ihre Hauptstadt Nizza.

Unterwegs in Monaco **1** [H2]

Das selbstständige Fürstentum besteht aus Monaco-Ville, dem Stadtteil Monte Carlo, dem Hafenviertel La Condamine sowie der Unterstadt Fontvieille. Monaco-Ville, das alte Monaco mit seinen historischen Gebäuden, liegt auf dem 300 m breiten und 800 m weit ins Meer ragenden Grimaldi-Felsen, meist einfach *le rocher* genannt. Mit seinen 2,02 km² ist Monaco nach dem Vatikan der zweitkleinste Staat Europas.

Oft mit liebevollem Zwinkern als Operettenstaat verspottet, wird Monaco heute knallhart vom Geld regiert. Die bedeutendsten Banken der Welt unterhalten Niederlassungen in dieser Enklave mit rund 38 000 Einwohnern, von denen nur ca. 8000 echte Monegassen sind. Für die märchenhaften Einkünfte des Zwergstaates sorgen das Glücksspiel im berühmten Casino, ein lukrativer Immobilienmarkt und vor allem die Grimaldis. Das turbulente Leben der Fürstenfamilie gibt immer beliebten Lesestoff für die internationale Skandalpresse ab. Der »Dauerbrenner« begann 1956 mit der Märchenhochzeit von Fürst Rainier III. und der US-Schauspielerin Grace Kelly (Gracia Patrizia) und wird von den Kindern Caroline, dem jetzt regierenden Fürsten Albert II. und Stéphanie erfolgreich fortgeführt.

Auf den ersten Blick wirkt das Fürstentum wenig einladend. Die Straßen in der Innenstadt sind verstopft, die Parkplatzsuche gleicht einem Glücksspiel, Kunstschätze sind kaum vorhanden – und doch zählt der mediterrane Kleinstaat zwischen dem azurblauen Meer und dem mausgrauen Felsrand mit fast einer halben Mio. Besuchern pro Sommersaison zu den beliebtesten Reisezielen der Côte d'Azur. Nur wenige Regionen wissen sich so gut

zu verkaufen wie das Luxusländ-
chen mit dem Casino-Stadtteil
Monte Carlo.

Grimaldi-Felsen

Palais Princier Ⓐ ⭐ [b3]

Über dem dichten Mastenwald mil-
lionenschwerer Jachten lockt der
Fürstenpalast als erste und für viele
wichtigste Attraktion während der
Hochsaison tagtäglich Hunderte
von Schaulustigen. Ursprünglich
eine genuesische Festung des

13. Jhs., wurde das Palais im Lauf
der Zeit mit fantasievollem Archi-
tekturbeiwerk angereichert. Hält
sich die Grimaldi-Familie im Palast
auf, weht die Fahne über dem
Uhrturm. Täglich wird pünktlich
fünf vor zwölf das Operettenschau-
spiel der Wachablösung inszeniert.
Die »Zinnsoldaten« paradieren zu
Fanfarenklängen zwischen den
sorgfältig aufgeschichteten Kugeln
und den dazugehörigen Kanonen.

Im Sommer können einige **Re-
präsentationsräume** (*Grands appar-*

Ⓐ Palais Princier	Ⓓ Stade Nautique Rainier III.	Ⓖ Jardin Exotique
Ⓑ Cathédrale	Ⓔ Place du Casino	Ⓗ Collection des
Ⓒ Musée Océanographique	Ⓕ Forum Grimaldi	voitures

Teil der Ausstellung »On Sharks & Humanity« im Salle de Balaine des Ozeanografischen Museums

tements) besichtigt werden: der Thronsaal mit einem schönen Renaissancekamin, der in Blau-Gelb gehaltene Salon Louis XIV und der Salon Mazarin mit farbiger Holztäfelung (April–Okt. tgl. 10–18 Uhr).

Info
Palais Princier
- Tel. (00 377) 93 25 18 31
  www.palais.mc

Cathédrale **B** [b3]
Strahlend weiß erhebt sich die Ende des 19. Jhs. mit weißen Steinen aus La Turbie errichtete Kathedrale auf dem Rocher der Grimaldis. Zu ihren wertvollsten Ausstattungsgegenständen gehören ein Altaraufsatz von Louis Bréa sowie Tafelbilder der ersten École de Nice und ein Thron aus weißem Carrara-Marmor.

Nach seinem Tod im April 2005 wurde Fürst Rainier III. neben seiner 1982 bei einem Autounfall tödlich verunglückten Frau Gracia Patricia im Chorumgang der Kathedrale zur letzten Ruhe gebettet.

Musée Océanographique **C** ⭐**2** [c3]
Das Ozeanografische Museum ist eines der weltweit führenden Institute seiner Art. Es wurde 1910 von Fürst Albert Ier eröffnet und lockt jährlich über 1 Mio. Besucher an. **50 Dinge** ㉖ › S. 15.

In ca. 90 Bassins präsentiert es die Unterwasserwelt aller Weltmeere und seltene Spezies. Höhepunkte der umfangreichen Sammlungen bilden das Korallenriff aus dem Roten Meer und das rund 20 m lange Skelett eines Wals. Wechselnde thematische Ausstellungen runden das Museumserlebnis ab (Avenue St-Martin, Tel. 00 377-93 15 36 00, www.oceano.mc; tgl. geöffnet: April bis Juni, Sept. 10–19, Juli/August 9.30–20 Uhr, Okt.–März 10 bis 18 Uhr; während des Formel 1 Grand Prix geschl.).

La Condamine

Das Hafenviertel mit seinem südfranzösischen Kleinstadtflair verbindet die Stadtteile Monaco-Ville und Monte Carlo. Um das Hafenbecken des Port Hercule, wo zahllose Millionärsjachten schaukeln, reihen sich (teure) Cafés und Restaurants. Gleich daneben breitet sich das **Stade Nautique Rainier III.** 🅳 [b2] aus, ein Schwimmstadion von olympischen Ausmaßen (Mai–Mitte Okt. tgl. mind. 9–18 Uhr).

Monte Carlo

Über Treppen erreicht man Monte Carlo, dessen Mittelpunkt, die runde **Place du Casino** 🅔 [c1], edle Belle-Époque-Bauten umrahmen: Casino, Hôtel de Paris, Hôtel Hermitage und Café de Paris.

Das pompöse **Casino,** Wahrzeichen Monte Carlos, übt seit 1878 weltweite Anziehungskraft aus. **50 Dinge** ⑧ › **S. 13**. Sein zentrales Atrium ist von schlanken Säulen umstanden und mit grandiosen Wandmalereien und viel Blattgold dekoriert. Die feinen Spielsäle darf besichtigen, wer mindestens 21 Jahre alt ist und 10 € Eintritt bezahlt. Die prächtige **Salle Garnier,** benannt nach dem Architekten Charles Garnier, der auch die alte Oper in Paris entworfen hat, ist berühmt für ihre Ballett- und Theateraufführungen sowie Konzerte.

Auf der Place du Casino parken die teuersten Limousinen, während die exklusivsten Sportwagen ihre Runden vor den Kameraobjektiven der Touristen drehen. Rund um die Luxusherberge Hôtel de Paris, in deren Küche Starkoch Alain Ducasse den Ton angibt, haben sich Juweliere und die größten Modemarken mit ihren Boutiquen angesiedelt.

SEITENBLICK

Geschichte Monacos

Bereits im 6. Jh. v. Chr. gründeten griechische Phokäer aus Massilia (Marseille) in der Bucht, wo sich heute das Hafenviertel La Condamine ausbreitet, die Siedlung Monoikos, später gehörte sie zum Römischen Reich. Im 12. Jh. fiel der Felsen von Monaco an Genua, wurde aber 1308 an die Familie Grimaldi verkauft. Fortan regierten Fürsten und Grafen unter dem Namen dieser Familie, obwohl die männliche Linie der Familie wiederholt erloschen war. Geschickt stellte sich der kleine Staat immer wieder unter den Schutz wechselnder Mächte. 1861 wurde seine Unabhängigkeit proklamiert, doch erst 1911 konnte die konstitutionelle Monarchie ausgerufen werden. Heute regiert der Fürst zusammen mit einem Staatsminister, der von Frankreich vorgeschlagen und anschließend vom Fürsten ernannt wird.

Im nur ca. 300 m vom Casino entfernten, futuristisch anmutenden **Forum Grimaldi** , einem der modernsten Kongresszentren Europas, finden auch Konzerte, Ausstellungen und Opernabende statt (www.grimaldiforum.com).

Im **Nouveau Musée National de Monaco,** dem neuen Nationalmuseum des Zwergstaates, das sich auf zwei frisch restaurierte Villen verteilt, finden Wechselausstellungen statt. Sie sind nicht nur dem Fürstentum gewidmet, sondern stellen zeitgenössische Kunst vor oder laden zu Workshops ein (www.

nmnm.mc; tgl. 10–18 Uhr, Juni bis September 11–19 Uhr, Villa Sauber: 17, ave. Princesse Grace, Tel. 00377-98 98 91 26; Villa Paloma: 56, bd. du Jardin Exotique, Tel. 00377-98 98 48 60).

Moneghetti – Fontvieille

Das Interessanteste am Nobelviertel **Moneghetti** nördlich des Port de Fontvieille ist der **Jardin Exotique**  [c1], ein Botanischer Garten mit tropischen Pflanzen, riesigen Kak-

Die Anlegeplätze im Port de Fontvieille sind fest in der Hand von Dauermietern

teen und afrikanischen Bäumen. Auf dem Gelände gibt es zudem eine schöne Tropfsteinhöhle (Bd. du Jardin Exotique, Tel. 00 377-93 15 29 80, www.jardin-exotique.mc; tgl. 9–18 Uhr oder bis Einbruch der Dunkelheit, am 19.11. und 25.12. geschl.).

Das **Musée d'Anthropologie préhistorique** auf dem Gelände des Felsengartens zeigt regionale Funde aus vorgeschichtlicher Zeit.

Südwestlich des Botanischen Gartens fällt der Blick auf das ins Meer gebaute Viertel **Fontvieille,** das man durch einen Tunnel im Stadtfelsen erreicht. Bei seiner Einweihung 1985 gehörte das **Stade Louis II.** in Fontvieille zu den modernsten Fußballstadien der Welt.

Collection de voitures 🅷

In der Nähe befindet sich auch die spektakuläre Automobil-Sammlung des Fürstentums, die auf Rainier III. zurückgeht. Hier sind nicht nur Rennwagen zu sehen, die beim Großen Preis von Monaco oder der Rallye Monte-Carlo teilnahmen, sondern auch historische Modelle von Rolls-Royce, Lincoln, Ferrari, Massarati und Alfa Romeo sowie der Lexus, in dem 2011 das fürstliche Brautpaar kutschierte (Collection de voitures, 5, Terrasses de Fontvieille, Tel. (00 377) 92 05 28 56, www.mtcc.mc, tgl. 10–18 Uhr).

Parc Paysager und Rosengarten

Grüne Oasen zwischen den Hochhäusern von Fontvieille sind der **Parc Paysager,** auf dessen Süßwassersee sich Enten und Schwäne tummeln, sowie der prachtvolle **Rosengarten** mit über 4000 unterschiedlichen Züchtungen und vielen Skulpturen. Der Garten zählt zu den erholsamsten Fleckchen des Fürstentums.

SEITENBLICK

Glücksspieler und Steuerjongleure

1863 eröffnete der Geschäftsmann François Blanc mit einer Lizenz von Fürst Charles III. auf Monacos zweitem Felsen eine Luxusoase mit Spielcasino, Oper und Prachthotels und machte das Fleckchen zu einem Treffpunkt der oberen Zehntausend. Bis heute gehört es zu den lukrativsten Immobilien Monacos. 1949 übernahm Rainier III. die Herrschaft im Fürstentum, und gleich im Jahr darauf gelang ihm sein größter Coup: Mit hochherrschaftlicher Unterstützung wurde Steuerflüchtlingen aus aller Welt in seinem Land Zuflucht gewährt. Erst 1962 musste sich der Fürst im Rahmen des Zollverbandes mit Frankreich auch dessen Steuergesetzen beugen. Monaco ist somit zwar nicht mehr das Steuerparadies schlechthin, doch genießen Prominente – unter ihnen viele Spitzensportler und Schauspieler – dort nach wie vor erhebliche Vergünstigungen. Auf Druck der deutschen Bundesregierung und des Europarats lockerte Monaco im März 2009 zumindest das Bankgeheimnis, woraufhin die OECD das Fürstentum von der Liste der Steuerparadiese strich.

Eine Meeresfrüchte-Kreation von Alain
Ducasse im Hôtel de Paris

Info

Office de Tourisme
• 2a, bd. des Moulins
  98030 Monte Carlo
  Tel. (00 377) 92 16 61 16
  www.visitmonaco.com

Hotels

Ambassador €€€
Traditionshotel mit gediegener
Atmosphäre.
• 10, ave. Prince Pierre
  Tel. (00 377) 97 97 96 96
  www.ambassadormonaco.com

Columbus Hôtel €€€
Elegant und modern eingerichtetes
Hotel im Stadtteil Fontvieille, gegenüber
dem Grimaldi-Felsen.
• 23, ave. des Papalins
  Tel. (00 377) 92 05 90 00
  www.columbushotels.com

Hotel de France €€€
Einfaches Stadthotel in La Condamine.
• 6, rue de La Turbie
  Tel. (00 377) 93 30 24 64
  www.hoteldefrance.mc

Hôtel de Paris €€€
Ein Juwel der Belle Époque mit 107 Zimmern und Suiten, drei Restaurants, Jazz-
Bar, Wellnessbereich mit Pool sowie einem legendären Weinkeller. Viele
Zimmer haben Blick auf den Hafen und
das Casino. **50 Dinge** ㉘ › **S. 15.**
• Place du Casino
  Tel. (00 377) 98 06 30 00
  http://de.hoteldeparismontecarlo.com

Restaurants

Le Louis XV. – Alain Ducasse €€€
Küchenchef Alain Ducasse zählt zu
Frankreichs besten Köchen. Getafelt
wird in einem prachtvollen Barocksaal.
Geöffnet Do–Mo, 20.6.–5.9 auch Mi
abends, erste Märzhälfte geschl.
• im Hôtel de Paris › **oben**
  Tel. (00 377) 98 06 88 64

Avenue 31 €€–€€€
Internationale Küche in gediegen-
trendigem Ambiente mit Terrasse.
• 31, ave. Princesse Grace
  Tel. (00 377) 97 70 31 31
  www.avenue31.mc

Polpetta €€
Die Nähe zu Italien schmeckt man in
diesem für Monaco erstaunlich günstigen Restaurant.
• 2, rue Paradis
  Tel. (00377) 93 50 67 84
  www.restaurantpolpetta.com

Nightlife

Jimmy'z
🅸 Legendärer Nachtklub der Oberliga,
in dem die Party erst kurz vor Mitternacht losgeht.
• 26, ave. Princesse Grace
  www.jimmyzmontecarlo.com

Unterwegs in der Region

An der Basse Corniche

Villefranche-sur-Mer 2 [H3]

Mit dem Aufstieg Nizzas begann der Verfall dieser im 14. Jh. gegründeten Hafenstadt, die dank der natürlichen Barriere des Mont Baron bisher noch nicht zu einem Vorort von Nizza geworden ist. Mittelpunkt des gesellschaftlichen und kulturellen Lebens der Stadt ist die Zitadelle. Die Befestigungsanlage aus dem 16. Jh. beherbergt Rathaus, Theater und das **Musée Goetz-Boumeester** mit Bildern von Picasso und Miró (Tel. 04 93 76 33 27, 10 bis 12, 15–18.30, Okt.–Mai 10–12, 14–17.30 Uhr, So vormittag und im Nov. geschl., Eintritt frei).

Eine Besonderheit in der hübschen Altstadt ist die **Rue Obscure,** eine Gasse, die unter den Häusern hindurchführt. Die Bevölkerung fand hier früher bei Überfällen und sehr viel später vor den Bomben des Zweiten Weltkriegs Schutz.

Jean Cocteau schmückte 1957 die Hafenkapelle **St-Pierre** mit Darstellungen des hl. Petrus (Di–So 10–12, 15–18 Uhr, Tel. 04 93 76 90 70).

Info

Office de Tourisme
• Jardin François Binon
  06230 Villefranche-sur-Mer
  Tel. 04 93 01 73 68
  www.tourisme-villefranche-sur-mer.com

Cap Ferrat 3 ⭐ [H3]

Die zerklüftete und bewaldete Halbinsel ist ein recht exklusives Terrain, besetzt mit den Prachtvillen der Reichen.

Noch Ende des 19. Jhs. war die Landzunge mit ihren steil ins Meer abfallenden Hängen nahezu unbewohnt. Dann kamen Prominente wie der Schriftsteller William Somerset Maugham, die Tänzerin Isadora Duncan, König Leopold von

Blick von der Halbinsel Cap Ferrat auf Villefranche-sur-Mer

Belgien, die Rothschilds oder später der Hollywood-Schauspieler Cary Grant und ließen sich hier ihre luxuriösen Feriendomizile errichten.

Auch Baronin Beatrice Ephrussi de Rothschild hatte sich unsterblich in die mit Pinien bewachsene Halbinsel verliebt. 1912 erteilte sie den Auftrag zum Bau einer prachtvollen Renaissancevilla in Saint-Jean-Cap Ferrat. Nach ihrem Tod 1934 machte das Institut de France die **Villa Ephrussi de Rothschild** der Öffentlichkeit zugänglich. So kann man nun die Sammlung der Baronin bewundern, die u. a. Werke von Claude Monet und Auguste Renoir sowie kostbares Porzellan enthält › **Special Kunst S. 45.** ❗ Der 7 ha große Park gehört zu den schönsten seiner Art an der Côte d'Azur.

Ein großartiger Fernblick über Land und Meer eröffnet sich von der Spitze des Leuchtturms am südlichsten Ende von Cap Ferrat. Die ganze Halbinsel lässt sich auch auf einem leichten Rundweg in etwa 3 Std. umwandern. Die Villen der Superreichen verschanzen sich zwar meist hinter hohen Hecken, doch die landschaftliche Schönheit des Kaps lohnt den Weg auf jeden Fall › **Special Wandern S. 116.**

❗ Erst- klassig

Die schönsten Gärten

· ·

- **Villa Ephrussi de Rothschild** auf dem Cap Ferrat. Die Gartenträume einer millionenschweren Baronin mit viel Kunstverständnis. › **S. 45, 78**
- **Jardin du Palais Carnolès** in Menton. Bei den mildesten Temperaturen Frankreichs gedeihen hier die Zitrusbäume. › **S. 80**
- **Jardin exotique** in Eze. Der fantastische Rundblick auf die Côte lässt beinahe all die uralten und skurrilen Kakteenpflanzen des Gartens vergessen. › **S. 85**
- **Villa Eilenroc** am Cap d' Antibes [G3]. Das Anwesen mit dem traumhaften Garten wurde 1860 von einem reichen Holländer 1860 für seine Frau gebaut (460, ave. L. D. Beaumont, Mi, Sa 13 bis 16, April–Juni 10–17, Juli–Sep. auch So 15–19 Uhr).
- **Domaine du Rayol** in Le Rayol Canadel [E5], an der Küste zwischen Cavalaire-sur-Mer und Le Lavandou. 7 ha Garten und Park mit fantastischen Ausblicken aufs Meer zu Füßen des Mauren-Massivs (tgl. 9.30 bis, je nach Saison 17.30, 18.30 oder 19.30 Uhr, www.domainedurayol.org).

Info

Office de Tourisme
- 59, ave. Denis Semaria
  06230 St-Jean-Cap Ferrat
  Tel. 04 93 76 08 90
  www.saintjeancapferrat-tourisme.fr

Hotel

Hotel Brise Marine €€€
Traumhaft gelegene Villa des 19. Jhs. mit Panoramablick. Nov.–Febr. geschl.
- 58, ave. Jean Mermoz
  06230 St-Jean-Cap Ferrat
  Tel. 04 93 76 04 36
  www.hotel-brisemarine.com

Beaulieu-sur-Mer 4 [H3]

Seinem klangvollen Namen macht der »schöne Ort am Meer« alle Ehre. Die Belle-Époque-Bauten, die üppige Vegetation und die Sandstrände lockten bereits um die vorletzte Jahrhundertwende prominente Gäste an, darunter Elisabeth von Österreich-Ungarn, auch bekannt als Sissi.

Die **Villa Kérylos** an der Baie des Fourmis, der Ameisenbucht, gehörte dem Archäologen Théodore Reinach. Er ließ sich diesen Palast mit 2500 m² Wohnfläche und Badezimmer aus Carrara-Marmor 1902 nach antikem griechischem Vorbild erbauen und bewohnte ihn 20 Jahre lang. Heute kümmert sich das Institut de France um die extravagante Architekturfantasie und hat sie der Öffentlichkeit zugänglich gemacht › **Special Kunst S. 45/46.**

Info

Office de Tourisme

• Place Georges Clemenceau
 06310 Beaulieu-sur-Mer
 Tel. 04 93 01 02 21
 www.beaulieusurmer.fr

Cap d'Ail 5 [H3]

Bekannt für seine schönen Strände, seine Uferpromenade und eine Rei-

Unterwegs auf den Corniches

Tour 3 Straßen mit Ausblick: die Corniches › S. 65

Nizza › Villefranche-sur-Mer › Cap Ferrat › Beaulieu-sur-Mer › Cap d'Ail › Monaco › Monte Carlo › Roquebrune-Cap Martin › Menton › La Turbie › Eze › Nizza

he von prächtigen Belle-Époque-Villen, wurde Cap d'Ail Ende des 19. Jhs. von Baron de Pauville zur bevorzugten Zweitresidenz für eine finanzkräftige Klientel ausgebaut. Heute ist es vor allem der schöne Sandstrand und die direkte Nachbarschaft zum Fürstentum Monaco, das die Besucher hier Station machen lässt.

Menton 6 ⭐ [J2]

Das Markenzeichen von Menton (ca. 30 000 Einw.) in unmittelbarer Nähe der Grenze zu Italien ist hellgelb oder blassgrün: Für Zitronen herrschen in dem immergrünen Ort mit dem mildesten Klima der Region ideale Wachstumsbedingungen. Im Februar feiert die ganze Stadt mit fröhlichen Umzügen das Zitronenfest (Fête du Citron).

❗ Ganz den Zitrusbäumen verschrieben hat sich auch der 2 ha

Aus Zitronen kann man alles bauen: Fête du Citron in Menton

große **Jardin d'agrumes du Palais Carnolès** mit Orangen, Limetten etc. (3, ave. de la Madone, 10–18 Uhr).

Mitten im Zentrum am gleichnamigen Platz steht **St-Michel.** An der Barockkirche sowie an vielen Fassaden der Altstadthäuser lässt sich der italienische Einfluss deutlich ablesen: Schließlich kam Menton erst 1861 zu Frankreich.

Zu den Höhepunkten der Stadtbesichtigung gehört die **Salle des Mariages** im Rathaus (Hôtel de Ville). Mit Szenen aus der Orpheus-Sage hat Jean Cocteau 1957 Wände und Decke des Trausaals bemalt (Place Ardoïno, Tel. 04 92 10 50 00, 8.30–12, 14–16.30 Uhr, Sa, So, Fei geschl.).

Das Ende 2011 eröffnete **Musée Jean Cocteau** beherbergt die Collection Séverin Wunderman mit Meistern der Moderne und Hunderten von Werken Cocteaus. Allein der Bau lohnt den Besuch (2, quai Monléon, Tel. 04 89 81 52 50, http://museecocteaumenton.fr, 10–18 Uhr, Di geschl.). Nur wenige Schritte entfernt, werden in der kleinen **Bastion** am Hafen wechselnde Hängungen der Werke Cocteaus gezeigt. Dieses kleine Museum wurde nur wenige Jahre nach Coteaus Tod eingerichtet (Quai Napoléon III, Tel. 04 93 57 72 30, Öffnungszeiten wie Musée Jean Cocteau).

Subtropische Flora ist im **Jardin Botanique Exotique** etwas außerhalb des Zentrums zu bewundern (Ave. St-Jacques). Auf gut 11 ha gedeihen über 700 Pflanzenarten, z.B. im Tropen-, Wildpflanzen- und Wassergarten.

Info

Office de Tourisme
- Palais de l'Europe | 8, ave. Boyer
06506 Menton | Tel. 04 92 41 76 76
www.tourisme-menton.fr

Hotels

Prince de Galles €€€
Modernisiertes Traditionshaus direkt an der Strandpromenade mit Garten und Restaurant.
- 69, promenade du Soleil | Menton
Tel. 04 93 28 21 21
www.princedegalles.com

Pavillon Impérial €€
Ideal an der Strandpromenade gelegenes, einfacheres Hotel mit freundlichem Personal.
- 9, ave. de la Madone | Menton
Tel. 04 93 35 75 69
www.hotel-pavillon-imperial.com

Restaurants

A Braijade Méridionale €
Originelle einheimische Küche in der Altstadt bei der Kirche St-Michel.
- 66, rue Longue | Tel. 04 93 35 65 65

Le bruit qui court €
Zeitgenössisch eingerichtetes Restaurant gegenüber dem Strand mit schöner Terrasse.
- 31, quai Bonaparte | Menton
Tel. 04 93 35 94 64
www.lebruitquicourt.fr

Shopping

- Ein begehrtes Souvenir aus Menton ist die süßsaure Zitronenkonfitüre. Man bekommt sie bei **Herbins** (2, rue du Vieux College, Tel. 04 93 57 20 29, www.confitures-herbin.com).

- Jeden Vormittag findet im **Marché couvert** ein Obst- und Gemüsemarkt mit frischen Produkten aus der Region statt (Les Halles, Quai de Monléon).

Ausflüge ab Menton

Ventimiglia [J2]

Ein lohnender Abstecher führt von Menton über die Grenze nach Italien in das nur 11 km entfernte Ventimiglia. Hier beginnt die sogenannte Blumenriviera, die *Riviera dei fiori*.

Der historische Teil des italienischen Grenzstädtchens in der Provinz Imperia (27 000 Einw.) thront auf einem Felsplateau, die moderne Neustadt liegt ihm buchstäblich zu Füßen. Ventimiglia entwickelte sich aus einer römischen Gründung an der Mündung des Flusses Roya (italienisch: Roia), war im frühen Mittelalter eine eigenständige Grafschaft und geriet nach 1251 in genuesischen Besitz.

Ein Bummel durch die reizvolle Altstadt mit ihren mittelalterlichen Häusern führt zur romanischen Kathedrale **Santa Maria Assunta** und zum Baptisterium, dessen Taufbecken Reste langobardischer Skulpturen zieren.

Wer sich für Archäologie interessiert, sollte auf der Rückfahrt einen Halt bei den noch auf der italienischen Seite gelegenen **Balzi Rossi** einlegen. In den zerklüfteten Karstfelsen der hohen Steilküste finden sich Wohnhöhlen aus prähistorischer Zeit: Grotta del Principe,

Grotta del Caviglione, Grotta dei Fanciulli, Riparo Mochi und Barma Grande. Angeschlossen ist ein kleines archäologisches Museum (**Caverne e Museo Preistorico dei Balzi Rossi**, via Balzi Rossi, Di–So 8.30 bis 19.30 Uhr).

Info

Azienda di promozione turistica
- Via Cavour 61
  I-18039 Ventimiglia (IM)
  0039-(0)1 84 35 11 83
  www.rivieradeifiori.com

Restaurants

Balzi Rossi €€€
In diesem Familienbetrieb in Grenznähe stehen exzellente landestypische Menüs auf der Karte. Mo/Di mittags geschl.
- Frontiera San Ludovico
  Via Balzi Rossi, 2 | Ventimiglia
  Tel. 0039-(0)1 84 3 81 32
  www.ristorantebalzirossi.com

Margunaira €€
Zum Abschluss eines Besuchs von Ventimiglia lohnt der Weg hinunter zum Strand. Im Margunaira gibt's mit Blick aufs Meer Fisch, Pasta und fantasievolle mediterrane Küche.
- Passegiata Marconi 3
  Marina di San Giuseppe (im Westen von Ventimiglia)
  Tel. 0039-(0)1 84 35 17 31
  www.margunaira.it

Shopping

Ventimiglias großer **Wochenmarkt** findet freitags statt (und für alle, die noch ein bisschen weiter nach Italien hineinfahren möchten: in San Remo ist Di und Sa vormittags Markt).

Villages perchés im Hinterland

Eine kurvenreiche Straße mit vielen Steilstellen führt von Menton in die spektakulär gelegenen Bergdörfer des Hinterlands. Nach 12 km ist **Ste-Agnès** 7 [J2] erreicht, das bereits auf 800 m Höhe liegt. Insbesondere von der Burgruine mit ihrem schön gepflegten mittelalterlichen Garten (tgl. 9–17 Uhr) hat man einen atemberaubenden Blick über Küste und Meer.

Etwa 10 km weiter thront in 630 m Höhe **Peille** 8 [H2] auf einem Felsen. Die Grafen von Lascaris haben hier ein imposantes Palais vom Ende des 17. Jh. hinterlassen. Sehenswert ist auch das gotische Palais des Consuls, in dem bereits im 14. Jh. ein Gericht tagte. Dem Ort Peille unterstanden damals viele Nachbarortschaften wie Peillon oder La Turbie. Als Paradebeispiel eines *Village perché* zieht Peille vor allem im Hochsommer viele Besucher an, die dem Küstentrubel entfliehen wollen.

Im winzigen Dorf **Peillon** 9 [H2] (weitere 10 km von Peille entfernt) scheinen sich die schmalen Häuser um den zentralen Kirchturm zu drängen, denn viel Platz gibt es nicht auf der Spitze des Felsenkegels, auf dem sich dieses *Village perché* im Mittelalter vor Angreifern schützen wollte.

Bei der Rückfahrt spart man ein paar Serpentinen ein, wenn man hinter Peille nach Süden in Richtung La Turbie fährt und dann über die Grande Corniche oder die Autobahn nach Menton zurückkehrt.

Info

Office de Tourisme

- 4, rue Centrale | 06440 Peillon
  06 24 97 42 25
  www.peillontourisme.fr

Hotel/Restaurant

Auberge de la Madone €€€
Stilvolles Charme-Hotel mit sehr gutem Restaurant, ein kulinarischer Glanzpunkt im Hinterland mit mediterraner Küche. Mi geschl.

- 3, place Auguste Arnulf
  06440 Peillon | Tel. 04 93 79 91 17
  www.auberge-madone-peillon.com

Moyenne und Grande Corniche

Roquebrune-Cap Martin 🔟 [J2]

Das mittelalterliche Roquebrune

Die Doppelgemeinde besteht aus drei Ortsteilen: dem *Village perché* Haut-Roquebrune, dem neueren und wenig attraktiven Roquebrune und der exklusiven Halbinsel Cap Martin.

Haut-Roquebrune, mit seinen verwinkelten Gassen, renovierten Häusern unter roten Ziegeldächern und Kunstgewerbeläden heute ein Touristenmagnet erster Güte, ist das einzige von vielen *Villages perchés* in Frankreich, dessen Gründung sich bis in die Karolingerzeit zurückverfolgen lässt. Mittelalterlichem Leben kann auf der Burg (erbaut ab 970) nachgespürt werden. Erst im 13. Jh. wurde der Donjon mit seinen 3 m dicken Mauern gebaut. Von der obersten Turmplattform bietet sich eine grandiose Aussicht über das Meer (tgl. 10 bis 12.30 und 14–18 Uhr). Ihren mittelalterlichen Charakter hat sich auch die schmale Rue Moncollet mit ihren Treppen bewahrt.

Wer sich von **Cap Martin 50 Dinge** ㉓ › **S. 15** aus ein Stück der Côte erwandern und dabei schöne Ausblicke genießen möchte, sollte den Spaziergang von der Spitze des Kaps (Parkplatz an der Ave. Winston Churchill) nach Monte Carlo Beach unternehmen. In etwa 1,5 Std. hat man auf dem Sentier Touristique das Fürstentum erreicht.

Info

Office de Tourisme

- 218, ave. Aristide Briand
  06190 Roquebrune-Cap Martin
  Tel. 04 93 35 62 87
  http://www.rcm-tourisme.com

Restaurant

Au grand inquisiteur €

Winziges, intimes Restaurant in historischen Gemäuern, die aus dem Felsen gehauen wurden. Gute französische Küche. Mo geschl.

- 15 et 18, rue du château
  06190 Roquebrune-Cap Martin
  Tel. 04 93 35 05 37
  www.augrandinquisiteur.com

La Turbie 11 [H2]

Die **Grande Corniche,** die oberste Panoramastraße, wurde auf Befehl Napoleons angelegt. Sie folgt in etwa der Trasse der römischen Via Aurelia und bietet neben kulturhistorischen Sehenswürdigkeiten immer wieder herrliche Ausblicke auf Abschnitte der Küste und auf die Seealpen.

La Turbie, der einzige Ort an der Grande Corniche oberhalb von Monte Carlo, versetzt mit der weithin sichtbaren **Trophée des Alpes** (lateinisch: Tropaeum Alpium) in Staunen. Das riesige Siegesdenkmal erreicht man über die Rue Comte-

Die Trophée des Alpes überragt La Turbie

de-Cessole, eine von mittelalterlichen Häusern gesäumte Römerstraße. Als Kaiser Augustus nach einem 17 Jahre dauernden, zähen Kampf die einheimischen Alpenstämme endlich besiegt hatte, ehrte ihn der römische Senat im Jahr 6 v. Chr. mit diesem Monument (Cours Albert 1er de Monaco, http:// www.trophee-auguste.fr, tgl. außer Mo 9.30–13, 14.30–18.30, 21. Sept. bis 18. Mai 10–13.30, 14.30–17 Uhr).

Eze 12 ⭐ [H2]

Aufgrund des rapide zunehmenden Autotourismus wurde 1927 die 28 km lange Ausweichstrecke **Moyenne Corniche** angelegt. Von Menton oder Monaco aus kommend, umfährt man auf ihr den markanten **Tête de Chien,** einen Felsen, der wie ein Hundekopf aussieht, bevor man das Felsennest Eze erreicht, das an einem steil abfallenden Bergkegel klebt. Bereits im 6. Jh. suchten dort die Küstenbewohner Zuflucht vor Sarazenenüberfällen. Im Mittelalter wurde Eze befestigt. Von fast allen Bewohnern verlassen, entwickelte sich das Örtchen zu einem beliebten Touristenziel. **Eze-Village,** 427 m über dem Meer, und **Eze-Bord-de-la-Mer** verbindet der sonnenbeschienene **Friedrich-Nietzsche-Fußweg** (Sentier Nietzsche) miteinander. Der deutsche Philosoph weilte hier zwischen 1883 und 1884 und schrieb an seinem berühmten Werk »Also sprach Zarathustra«.

Sehenswert in Eze-Village sind die **Chapelle des Pénitents Blancs** aus dem 14. Jh. mit Emailbildern von Poulain und der im Jahr

1947 um die Schlossruine angelegte Kakteengarten **Jardin exotique d'Eze**. Von der Terrasse aus reicht der Blick bei klarer Sicht bis zur Insel Korsika hinüber (rue du Château, Tel. 04 93 41 10 30, tgl. 9 bis 19.30, Okt. u. April–Juni bis 18.30, Nov.–März bis 16.30 Uhr).

Ende Juli steht Eze ganz im Zeichen des mittelalterlichen Festes Eze d'Antan. Die Einwohner kleiden sich in historische Kostüme, führen die Berufe von damals vor und bieten kulinarische Köstlichkeiten an.

Info

Office de Tourisme
• Place du Général de Gaulle
06360 Eze | Tel. 04 93 41 26 00
www.eze-riviera.com

Hotels

Château Eza €€€
Sündhaft teures Romantikhotel mit zu Recht viel gepriesenem Gourmet-Restaurant. Fantastischer Blick auf die 400 m tiefer gelegene zerklüftete Küste.
• Rue de la Pise | Eze
Tel. 04 93 41 12 24
www.chateaueza.com

La Chèvre d'Or €€€
Kleines Traumhotel mit exquisiten Zimmern und Spitzenrestaurant in schönster Lage hoch über dem Meer.
• Rue du Barri | Eze
Tel. 04 92 10 66 66
www.chevredor.com

Hermitage €€–€€€
Kleines Hotel oberhalb des Dorfes Eze mit wunderbarer Aussicht, ordentlichem Restaurant und Pool.

• 1951 Grande Corniche | Eze
Tel. 04 93 41 00 68
www.ezehermitage.com

Bergorte in den Seealpen

Sospel **13** [J2]

Der Ort liegt inmitten von hohen Bergen an der alten Straße Nizza–Turin. Eine mittelalterliche Wehrbrücke des 13. Jhs. über die Bévéra verbindet die Dorfteile rechts und links des Flusses. Einige Hausfassaden mit Trompe-l'œil-Malereien am Ufer der Bévéra sind beliebte Fotomotive, vor allem im Sommer, wenn sich durch die zahlreichen Urlauber die Einwohnerzahl des Ortes verdreifacht.

Das nahe Italien zeigt sich deutlich an der barocken Kathedrale St-Michel und den ocker-, gelb- und rosafarbigen Anstrichen der Häuser. Der Bergwald **Fôret de Turini** stellt ein lohnendes Ausflugsziel dar.

Info

Office de Tourisme
• 1, place St-Pierre
06380 Sospel
Tel. 04 93 04 15 80
www.sospel-tourisme.com

Hotel

Auberge Provençale €€
Kleines einfaches Hotel mit tollem Blick von der Restaurantterrasse.
• Route du Col de Castillon
06380 Sospel
Tel. 04 93 04 00 31
www.aubergeprovencale.fr

Saorge 14 ⭐ [J1]

Saorge ist vielleicht der schönste Ort im Tal des Flusses Roya. Erstaunlich hoch errichtete man hier im 15. Jh. die Häuser mit ihren drei Etagen, sodass sich tiefe Gassenschluchten bildeten. Wie andere ebenfalls strategisch günstig gelegene Nachbarorte auch, kontrollierte man hier die Handelswege vom Piemont hinunter an die Mittelmeerküste. Am Fuß des Dorfes liegt die sehenswerte romanische **Kapelle de la Madone del Poggio,** die bereits aus dem 11. Jh. stammt.

Chapelle Notre-Dame des Fontaines 15 ⭐ [J1]

In St-Dalmas-de-Tende zweigt die D 43 ins 700 m hoch gelegene malerische **La Brigue** ab. 4 km östlich des Dorfs liegt am Ende eines schmalen Tales die Wallfahrtskirche Notre-Dame des Fontaines. Sie birgt einen

SEITENBLICK

Train des Merveilles

Der »Zug der Wunder« verkehrt zwischen Nizza und Tende. Seinen Namen erhielt er von den bronzezeitlichen Piktogrammen, die in dieser Alpenregion zu Tausenden gefunden wurden – gleich einem Wunder eben. Wunderbar ist aber auch die Strecke, auf der die über 800 Höhenmeter bis Tende überwunden werden. Unter anderem an Peille, Sospel und Saorge vorbei führt sie über kühne Viadukte und durch Tunnel, deren längster fast 6 km misst (z. B. ab Nizza 9.23 Uhr, die Fahrt bis Tende dauert 2 Std.). **50 Dinge** (31) › **S. 15.**

gut erhaltenen Freskenzyklus des späten 15. Jhs. Auf den vollständig bemalten Wänden der kleinen Kirche, von Lokalpatrioten gern als »Sixtinische Kapelle der Alpen« bezeichnet, sind Szenen aus dem Leben Mariens und die Kindheit Jesu dargestellt (Tel. 04 93 79 09 34, tgl. 10–12 und 14–17.30 Uhr, Mitte Okt.–Mitte April geschl.).

Tende 16 [J1]

Mitten im Gebirge am Oberlauf der Roya gelegen, sollte das Bergnest Tende mit schiefergedeckten Häusern aus dem 15. Jh. eigentlich mit dem Zug angefahren werden, denn der Train des Merveilles › **unten** durchquert eine faszinierende Landschaft. Interessant ist das **Musée des Merveilles** in Tende. Es besitzt unter anderem Abgüsse der Felsgravuren im Vallée des Merveilles › **S. 87** und widmet sich auch der Natur- und Siedlungsgeschichte der Region (Tel. 04 93 04 32 50, www.museedesmerveilles.com, Mai–Mitte Okt. tgl. außer Di 10–18, sonst bis 17 Uhr, Juli–Sept. tgl. geöffnet).

Info

Office de Tourisme
- 103, ave. du 16 Septembre 1947
  06430 Tende
  Tel. 04 93 04 73 71
  www.tendemerveilles.com

Restaurant

La Taverne €
Restaurant im Zentrum von Tende mit ländlicher Küche.
- 71, ave. 16 Septembre 1947 | Tende
  Tel. 06 12 98 69 18

Steinböcke im Nationalpark Mercantour

Parc national de Mercantour – Vallée des Merveilles

1979 wurde das 68 500 ha große Mercantour-Gebiet im Norden der französischen Seealpen an der Grenze zu Italien zum Nationalpark erklärt. Ein Netz von Wanderwegen, auf denen sich schützenswerte Flora und Fauna entdecken lässt, durchzieht das dünn besiedelte Gebiet, in dem einige Gipfel über 3000 m hoch sind. Mit Glück kann man Gämsen oder Steinböcken begegnen (www.mercantour.eu).

Als bronzezeitliches Freiluftmuseum entpuppt sich im Osten des Parks das **Vallée des Merveilles** 17 [J1], das »Tal der Wunder«, in dem ! über 4000 Jahre alte Felszeichnungen zu bewundern sind. Die Bedeutung der über 35 000 Felsgravuren, die Werkzeuge, Waffen, Tiere und Menschen darstellen, ist nicht geklärt. Von **Casterino** [J1] aus lassen sich Tageswanderungen zu den Felszeichnungen unternehmen. Hierzu bieten einheimische Bergführer ihre Dienste an (Infos im Office de Tourisme in Tende › **S. 86**).

Coaraze 18 [H2]

Das Dorf gehört zu den malerischsten des Hinterlandes der Côte d'Azur. Seit 1959 entwerfen moderne Künstler, unter ihnen war auch Jean Cocteau, Sonnenuhren, die seitdem die Hauswände des Ortes schmücken. Und es kommen immer wieder neue Sonnenuhren hinzu. Zum Glück liegt der intakte mittelalterliche Ortskern noch relativ abseits der großen Touristenströme.

Lucéram 19 [H2]

Extrem steile Gassen bestimmen den mittelalterlichen Kern des Dorfes. Einst war Lucéram eine wichtige befestigte Handelsstation auf dem Weg von den Alpen hinunter zum Hafen von Nizza, heute lebt es vom Tourismus.

Der Charme dieses *Village perché* mit seiner barocken Kirche Ste-Marguerite zieht das ganze Jahr über Besucher an. Im Winter kommen sie, um die Hunderte von Weihnachtskrippen zu sehen, die hier im Dezember und Januar in den Gassen und Häusern ausgestellt werden.

MONDÄNE KÜSTE & HOCH-PROVENCE

Kleine Inspiration

- **Aufs Meer schauen** von der obersten Plattform im Wehrturm des alten Klosters auf der Île St-Honorat – und die Côte d'Azur für einen Moment vergessen › S. 99
- **Am frühen Morgen spazieren gehen** durch das (noch) menschenleere St-Paul-de-Vence › S. 105
- **Die Fenster auf sich wirken lassen** bei Sonnenschein in der Chapelle du Rosaire von Henri Matisse in Vence › S. 109

Während des Filmfestivals trifft sich in Cannes die Hautevolee. Das mittelalterliche Grasse ist Zentrum der Düfte, während der Grand Canyon du Verdon Naturfreunde in seinen Bann zieht.

Die Baie des Anges, die Engelsbucht, erstreckt sich von Nizza bis zum Cap d'Antibes. Nur das künstlich aufgeschüttete Areal des Flughafens von Nizza unterbricht die Küstenlinie. Im Gegensatz zur Steilküste östlich von Nizza läuft das Land südwestlich der Metropole flach zum Meer aus.

An der Küste drängen sich die Orte dicht an dicht; Antibes und sein Cap, Juan-les-Pins wie auch Cannes sind der Inbegriff des glamourösen Jetset-Lebens der mondänen Gesellschaft, die sich insbesondere zur Festspielzeit hier ein Stelldichein gibt. Südwestlich von Cannes setzt das Esterel-Gebirge, das sich bis ans Wasser schiebt, den weiten Buchten ein Ende. Dieser Küstenabschnitt ist eng mit den Namen berühmter Künstler verknüpft: Renoir, Léger und natürlich Picasso. Abseits der Küste liegen etwas höher die stilleren Orte Vence und St-Paul-de-Vence, in denen einst Chagall und Matisse wohnten.

Die Parfümhauptstadt Grasse hält sich im Hintergrund. Von hier ist es nicht mehr sehr weit bis in die Bergwelt der Hochprovence, deren spektakulärstes Naturwunder, der Grand Canyon du Verdon, mit seinen bis zu 700 m steil abfallenden Felswänden seinem Namen alle Ehre macht.

Touren in der Region

Tour 6

Die Engelsbucht und ihr Hinterland

Route: Nizza › Cagnes-sur-Mer › St-Paul-de-Vence › Biot › Antibes

Karte: Seite 90
Dauer: 1 Tag, ca. 50 km
Praktische Hinweise:
• Diese Tour ließe sich auch mit öffentlichen Bussen unternehmen.

Cagnes wird von Lignes d'Azur › S. 28 bedient. St-Paul, Biot und Antibes fährt Envibus an (www.envibus.fr, Tel. 04 89 87 72 00).
• Außer St-Paul sind alle Orte auch mit dem Zug zu erreichen (www.ter-sncf.com/paca).
• Das Renoir-Museum in Cagnes und das Léger-Museum in Biot sind dienstags geschlossen.

Im Hafen von Cannes

Tour-Start:

Von **Nizza** › S. 52 aus führt die Promenade des Anglais am Flughafen vorbei in Richtung Westen. Es bietet sich an, direkt an der Küste zu bleiben, um **Cagnes-sur-Mer** 6 › S. 104 zu erreichen. Dieser Abschnitt der Côte d'Azur ist leider extrem dicht bebaut. Die wahre Schönheit von Cagnes-sur-Mer erschließt sich nicht sofort. Sehenswert ist die höher gelegene Altstadt Haut-de-Cagnes, wo der laute Verkehr der Küstenstraßen verstummt. Östlich von Haut-de-Cagnes liegt gut versteckt inmitten von uralten Olivenbäumen das Anwesen des Malers Auguste Renoir, der hier in einer großzügigen Villa sein Atelier hatte (Chemin des Collettes › S. 105).

Eine ähnliche Altstadtkulisse erwartet einen, wenn man Cagnes über die D 336 nach Norden verlässt und zum auf einer Hügelkuppe gelegenen Künstlerdorf **St-Paul-de-Vence** 7 › S. 105 fährt. Der pittoreske winzige Ort mit seinen schmalen Gassen ist ein Touristenmagnet. Vom vielleicht schönsten Friedhof der Côte am Südende des Dorfs, auf dem Marc Chagall beerdigt wurde, bietet sich ein fantastischer Weitblick aufs Meer.

Nördlich von St-Paul wird eine der berühmtesten Kunstsammlungen der Welt im Museum der **Fondation Maeght** › S. 46/106 präsentiert. Von St-Paul geht es dann wieder hinunter zur Küste. **Biot** 4 › S. 103, bekannt auch für seine Glasbläsertradition, beherbergt das dem gleichnamigen Künstler gewidmete **Musée National Fernand Léger**. Die Außenwand des Museums schmückt ein riesiges Mosaik Légers, der auch das New Yorker UNO-Hauptquartier mit seinen vom Kubismus beeinflussten Werken dekorierte.

Wieder über die Küstenstraßen geht es schließlich nach **Antibes** 4 › S. 101, das sich schon von Weitem mit den vielen schwankenden Masten in einem der größten Jachthäfen Europas ankündigt.

Touren an der mondänen Küste & in der Hochprovence

Tour 6

Die Engelsbucht und ihr Hinterland

Nizza › Cagnes-sur-Mer › St-Paul-de-Vence › Biot › Antibes

Auto Picassos Spuren

Tour 7

Auf Picassos Spuren

Route: Antibes › Cap d'Antibes ›
Juan-les-Pins › Vallauris › Mougins
› **Cannes › Îles de Lérins ›**
Cannes

Karte: Seite 90
Dauer: 1–2 Tage, ca. 40 km

Praktische Hinweise:
- Diese Tour lässt sich am besten mit dem Auto unternehmen.
- Linienbusse von Envibus fahren die Orte ebenfalls an (www.envibus.fr, Tel. 04 89 87 72 00).
- In Cannes verkehrt Palmbus (http://palmbus.fr, Tel. 08 25 82 55 99).
- Das Picasso-Museum in Antibes ist Mo, das in Vallauris Di geschl.

Tour (7) Auf Picassos Spuren

Antibes › Cap d'Antibes › Juan-les-Pins › Vallauris › Mougins › Cannes › Îles de Lérins › Cannes

Tour (8) Von Grasse zu Matisse und Napoleon

Grasse › Gourdon › Gorges du Loup › Tourrettes-sur-Loup › Vence › Castellane › Route Napoléon › Grasse

Tour (9) Rund um den Grand Canyon du Verdon

Castellane › Point Sublime › Grand Canyon du Verdon › Route des Crêtes › Moustiers-Ste-Marie › Aiguines › Corniche Sublime › Pont de l'Artuby › Comps-sur-Artuby › Castellane

Tour-Start:

Vor der Altstadt von **Antibes 4** › **S. 101** breitet sich zwar kein weißer Sandstrand aus, dafür liegt sie auf einem Felsen, von dem sich wunderschöne Blicke in die Engelsbucht bieten. Eine herrliche Aussicht hat man von der Terrasse des **Picasso-Museums,** das im ehemaligen Grimaldi-Schloss eingerichtet wurde. Hier hatte der Maler 1946 für mehrere Monate ein Atelier. Im Süden erkennt man schon die Halbinsel **Cap d'Antibes** › **S. 102**. Der Weg über die Uferstraße um das Cap lohnt sich, auch wenn die meisten luxuriösen Anwesen mit hohen Mauern gegen fremde Blicke abgeschottet sind. Die breite Einfahrt zum Palasthotel Eden Roc macht neugierig, ist aber nur für den zu passieren, der auch den Schlüssel zu einer Suite in der Tasche oder im Gourmetrestaurant reserviert hat.

Weniger exklusiv zeigt sich **Juan-les-Pins** › **S. 101**. An Strand und Promenade drängeln sich im Sommer die Autos und die Urlauber, die nicht die 5-Sterne-Hotels suchen.

In Golfe-Juan zweigt rechts die Straße nach **Vallauris 3** › **S. 100** ab. In diesem tradtionellen Zentrum für die Herstellung von Gebrauchskeramik entdeckte Picasso 1946 seine Leidenschaft für die Kunsttöpferei. Das **Musée National Picasso** ist hier seinen Arbeiten gewidmet. Im nahe gelegenen **Mougins 2** › **S. 99** besaß Picasso eine Villa, in der er 1973 starb. Mougins' alter Ortskern liegt auf einem Hügel, von dem sich ein Panoramablick bietet. Südlich davon ist nach wenigen Ki-

lometern **Cannes 1** › **S. 94** erreicht. Die von Palmen gesäumte Prachtmeile Croisette, die am feinen Sandstrand von Cannes entlangführt, gilt als Inbegriff der mondänen Côte d'Azur. Viel ruhiger geht es auf den **Îles de Lérins** › **S. 98** in der Bucht von Cannes zu. Vor allem die kleine Insel St-Honorat, die den Zisterziensermönchen gehört, ist eine Oase der Stille. Wer in Cannes übernachtet, kann vor der Rückfahrt ausgiebig in die quirlige Altstadt Le Suquet und ins pralle (Nacht-)Leben eintauchen …

Von Grasse zu Matisse und Napoleon

Route: Grasse › **Gourdon** › **Gorges du Loup** › **Tourrettes-sur-Loup** › **Vence** › **Castellane** › **Route Napoléon** › **Grasse**

Karte: Seite 90
Dauer: 1–2 Tage, ca. 180 km.
Praktische Hinweise:

- *Villages perchés* wie Gourdon oder Tourrettes sind nur mit dem Auto gut zu erreichen.
- Die Matisse-Kapelle in Vence (Chapelle du Rosaire) ist tgl. außer So (Gottesdienst) und Mo 14–18 Uhr geöffnet (Nov.–März bis 17 Uhr), Di, Do, Fr auch 10–12 Uhr.

Tour-Start:

Die Tradition der Parfümherstellung ist in **Grasse 8** › **S. 106** schon über 400 Jahre alt. Zwar wachsen längst nicht mehr alle hierfür benötigten Blüten an den Hängen des Hügels, auf dem die Stadt thront. Doch die Parfümfabriken gibt es noch, und ein Besuch lohnt sich.

Spektakulär präsentiert sich anschließend das Bergdorf **Gourdon** › **S. 108** in über 500 m Höhe. Von den Panoramaterrassen reicht der Blick bei gutem Wetter bis zu 80 km weit. Tief unten fließt der Loup. Die Straße, die von Gourdon hinunter in die **Gorges du Loup** führt, wird immer enger. Wildwasser schäumt durchs schmale, steinige Flussbett. Bald erreicht die Straße **Tourrettes-sur-Loup** 10 › **S. 108**, ebenfalls ein bekanntes *Village perché* und »Veilchenhauptstadt«. Die zarten Pflanzen wachsen im Schatten der Olivenbäume und dienen den Parfümeuren von Grasse als Rohstoff.

Vence 11 › **S. 109** besitzt eine malerische und belebte Altstadt mit vielen Restaurants und Bars. Etwas abseits liegt die **Chapelle du Rosaire** der Dominikanerinnen, die von Henri Matisse gestaltet wurde.

Über mehrere Pässe und durch eine oft menschenleere Berglandschaft führt anschließend die D 2 am Dorf Gréolières vorbei nach **Castellane** 12 › **S. 110**. Um einen kleinen Marktplatz herum gruppieren sich die Häuser, den Ort überragt ein hoher Felsen, auf dessen Spitze die Kapelle Notre-Dame du Roc steht. Wer Zeit hat, kann hier eine Übernachtung einplanen und den nahe gelegenen Grand Canyon du Verdon erkunden › **Tour 9**.

Der Weg zurück nach Grasse sollte über die sogenannte **Route Na-** **poléon** führen (D 4085/D 6085). Am 1. März 1815 war Napoleon, von Elba kommend, bei Golfe-Juan an Land gegangen und dann mit seinem Gefolge auf dieser Strecke über Grasse, Castellane, Digne, Sisteron, Gap und Grenoble nach Paris marschiert, um die Macht zurückzuerobern. Nach dem Col de la Faye (knapp 1000 m) ist bald wieder Grasse erreicht.

Rund um den Grand Canyon du Verdon

Route: Castellane › Point Sublime › Grand Canyon du Verdon › Route des Crêtes › Moustiers-Ste-Marie › Aiguines › Corniche Sublime › Pont de l'Artuby › Balcons de la Mescla › Comps-sur-Artuby › Castellane

Karte: Seite 90
Dauer: 1–2 Tage, ca. 150 km.
Praktische Hinweise:
- Diese Tour sollte mit dem Auto und bei passablem Wetter unternommen werden, da gute Sichtverhältnisse unerlässlich sind für den Blick in die Schlucht, aber auch für die Fahrt auf den engen und sehr kurvigen Panoramastraßen.
- Die Route des Crêtes (D 23) darf nur im Uhrzeigersinn befahren werden, d.h., man muss von Castellane kommend kurz vor La Palud auf sie abbiegen (wie beschrieben). Vom 15.11. bis 15.3. ist die Straße gesperrt.

Tour-Start:

Die Erkundung des Verdon und seiner Schluchten beginnt in **Castellane** 12 › S. 110. Von hier sind es nur wenige Kilometer bis zum ersten optischen Vorgeschmack: Am **Point Sublime**, einem Aussichtspunkt mit Parkplatz und Restaurant, fällt der Blick von oben auf den smaragdgrünen Fluss und seinen Eintritt in den **Grand Canyon du Verdon** 13 › S. 110. Die teilweise über 700 m tiefe Schlucht erstreckt sich über viele Kilometer.

Knapp 6 km hinter dem Point Sublime biegt die **Route des Crêtes** als D 23 nach links ab. Sie ist sicher eine der weltweit aufregendsten Panoramastraßen. 14 atemberaubende Aussichtspunkte zwingen förmlich zum Aussteigen und Fotografieren. Haarnadelkurven fordern die Bremsbeläge für die nächste Fahrtstunde heraus.

Bei La Palud-sur-Verdon verlässt man die Route des Crêtes wieder und fährt auf der Nordseite der Schlucht weiter bis nach **Moustiers-Ste-Marie** 15 › S. 112. Der Ort scheint an einer Felswand zu kleben, seine wirtschaftliche Basis sind Tourismus und Keramikproduktion. Hier finden Sie Übernachtungsmöglichkeiten.

Um auch die Südseite des Grand Canyon kennenzulernen, wird tags darauf der Verdon am Stausee **Lac de Ste-Croix** überquert. Die Sandstrände des Sees sind ein beliebtes Ziel für Paddler und Kanuten.

Ein elegantes Renaissanceschloss, dessen bunt glasierte Dachschindeln in der Sonne funkeln, prägt **Aiguines** 14 › S. 112. Kurz dahinter beginnt die Corniche Sublime, die südliche Panoramastraße um die Verdonschlucht.

Wo der Nebenfluss Artuby in den Verdon einmündet, überspannt der Pont de l'Artuby in fast 200 m Höhe das Flusstal. An den Balcons de la Mescla, den schwindelerregenden Aussichtspunkten, die auf diesen Zusammenfluss (Mescla) hinunterschauen, lädt ein einfaches Restaurant zur Rast ein. Im Dorf Comps-sur-Artuby lebt man von den Ausflüglern, die zum Grand Canyon pilgern. Zurück nach Castellane sind es nun noch 25 km.

Unterwegs an der Küste

Cannes 1 [G3]

War es nicht hier, im Hotel Carlton, wo Grace Kelly Gary Grant in ihre Fänge lockte? Die Dame und der Einbrecher sind im Zelluloidhimmel. Das Carlton aber, in dem Alfred Hitchcock den Streifen »Über den Dächern von Nizza« drehte und wo die amerikanische Filmschauspielerin zum ersten Mal ihren Märchenprinzen Rainier traf, thront noch immer wie ein Denkmal an der Croisette, der Hauptverkehrsstraße und Flaniermeile der Stadt. Hier sieht man pro Kilometer Blechschlange noch immer mehr Vorzeigeautos als anderswo. Die Cafés und Restaurants, aber auch die Privatstrände der berühmten Luxushotels sind längst für alle zugänglich – vorausgesetzt, man besitzt die richtige Kreditkarte. Allen Festivals und Kongressen mit internationalem Publikum zum Trotz hat Cannes mit seinen 70 000 Einwohnern jedoch seinen Kleinstadtcharakter behalten.

Altstadt und Hafen

Das historische Cannes rund um den Mont Chevalier besteht aus knapp einem Dutzend malerischer Gässchen. Den Grundstein zum viereckigen Wachturm **Tour de Suquet** Ⓐ [a1] legten im 11. Jh. die Mönche von Lérins. In der spätgotischen Wallfahrtskirche **Notre-Dame-de-l'Espérance** direkt daneben ist die um 1500 entstandene Holzplastik der hl. Anna sehenswert. Und die Aussicht über Hafen und Stadt ist fantastisch.

Das Herz von Cannes schlägt rund um den **Vieux Port** Ⓑ [b1/2], wo Luxusjachten neben einfachen Fischkuttern schaukeln. Die eine Sorte von Schiffseignern flickt Netze, während ihre Nachbarn, die Millionäre in Designer-Kapitänsuniform, dem süßen Nichtstun frönen.

Croisette Ⓒ ⭐ [b1–d2]

Der Boulevard de la Croisette, 2 km lang und von Palmen gesäumt, beginnt bei der Place du Général de Gaulle mit dem **Palais des Festivals et des Congrès** Ⓓ [b1/c2].

In diesem 1982 eröffneten Komplex aus Glas und Beton, auch als »Bunker« bezeichnet, finden jährlich die Filmfestspiele statt › **S. 96**. In dem monströsen Bau erwarten zwei Ausstellungshallen, drei riesige Säle und elf Konferenzräume ihr Publikum. Hollywood lässt grüßen: Vor

Ⓐ Tour de Suquet Ⓒ Croisette Ⓓ Palais des Festivals et des Congrès
Ⓑ Vieux Port

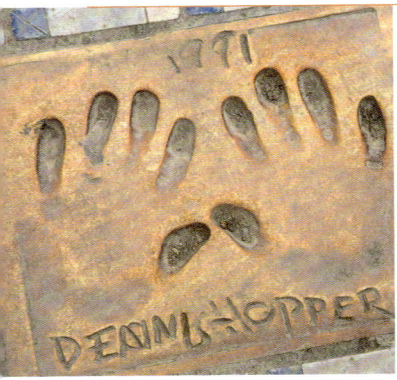

Auch Dennis Hoppers Handabdruck ist auf der Allée des Étoiles zu finden

der Treppe des Festivalpalasts hinterließen auf der **Allée des Étoiles** Filmstars wie Sharon Stone, Robert de Niro und Alain Delon ihre Handabdrücke im Zement.

Vom Festivalpalast aus verläuft die Croisette in Richtung Osten. An der einen Seite zieht sich der Strand entlang, an der anderen eine lange Reihe von Hotels, Appartements so-

SEITENBLICK

Filmfestival in Cannes

Jedes Jahr im Mai rollt Cannes den roten Teppich für Stars und Sternchen aus. Das Festival International du Cinéma in Cannes gehört zu den aufsehenerregendsten Ereignissen der Branche. Im Blitzlichtgewitter der internationalen Presse stellen Leinwandstars und Regisseure ihre neuen Produktionen vor und hoffen, die begehrte Auszeichnung »Goldene Palme« zu ergattern. Jahr für Jahr reisen bis zu 20 000 Besucher zu diesem cineastischen Rummel an die Côte d'Azur (www.festival-cannes.com).

wie Bürohäusern. Den Endpunkt des vierspurigen Boulevards markiert die ins Meer ragenden Pointe de la Croisette.

Info

Office de Tourisme
- 1, bd. de la Croisette | 06400 Cannes
  Tel. 04 92 99 84 22
  www.cannes-destination.fr

Hotels

In Cannes können sich während des Filmfestivals im Mai die Zimmerpreise leicht verdreifachen!

Carlton €€€
Schneeweißer, weltbekannter Palast im Stil der Belle Époque, mit Casino.
- 58, la Croisette | 06400 Cannes
  Tel. 04 93 06 40 06 | www.ihg.com

Montaigne €€€
Stilvolles Hotel etwas abseits vom Zentrum, dafür aber in einer ruhigen Seitenstraße. Kleines Schwimmbad, Spa.
- 4, rue Montaigne | Cannes
  Tel. 04 97 06 03 40
  www.hotel-montaigne.com

Molière €€–€€€
Modern eingerichtetes kleines Hotel unweit der Croisette. Mit seinem ruhigen Garten eine Oase der Stille.
- 5, rue Molière | 06400 Cannes
  Tel. 04 93 38 16 16
  www.hotel-moliere.com

Restaurants
Astoux et Brun €€€
❗ Eine der besten Adressen für Fisch und Meeresfrüchte zwischen Hafen und Markthallen.

- 27, rue Félix Faure et Louis Blanc
06400 Cannes
Tel. 04 93 39 21 87
www.astouxbrun.com

Da Bouttau €€
Angeblich das älteste Restaurant in
Cannes, was man ihm nicht anmerkt.
Traditionelle Küche in rustikal-eleganter
Atmosphäre.
- 10, rue Saint-Antoine | 06400 Cannes
Tel. 04 92 99 27 17
http://dabouttau.com

Le Bistro Gourmand €
Modernes Bistro ganz in der Nähe des
Marché Forville. Tische auf dem Bürger-
steig ersetzen die Terrasse.
- 10, rue Dr. P. Gazagnaire
06400 Cannes
Tel. 04 28 31 68 96

Shopping

- Frisches Gemüse, Obst, Fisch und weitere Köstlichkeiten türmen sich jeden
Morgen unter dem Dach des **Marché
Forville** auf. **50 Dinge** ⑬ › **S. 13.**
Der 1870 erbaute und inzwischen
gekonnt restaurierte Markt ❗ gilt als
einer der schönsten der ganzen Côte
d'Azur (tgl. außer Mo).
- Parallel zur Croisette verläuft die
exquisite Rue d'Antibes. Dort kann der
Einkaufsbummel in edlen Parfümerien,
Luxusboutiquen und Juwelierläden
zum sehr teuren Vergnügen werden.

Jean-Luc Pelé
Hier gibt es nicht nur Makronen, sondern auch sündhaft gute Schokoladenkreationen.
- 36, rue Meynadier | 06400 Cannes
www.jeanlucpele.com

Nightlife
Le Bâoli
❗ Stilvoller (nicht nur) Promitreff. April
bis Okt. tgl. ab 20 Uhr (Restaurant),
Nachtklub ab 24 Uhr, sonst nur Fr, Sa.

 **❗ Erst-
klassig**

Gratis entdecken
....

- Jedes Jahr im September lassen
sich während der **Journées
européennes du patrimoine**
im ganzen Land sonst nicht zu-
gängliche Monumente kostenlos
besuchen – immer unter einem
wechselnden Motto. 1984 in
Frankreich erstmals veranstaltet,
gibt es diese »Tage des offenen
Denkmals« seit 1991 inzwischen
europaweit (www.journeesdu
patrimoine.culture.fr).
- Felsgravuren von Tieren haben
unsere Urahnen vor über 3000
Jahren im **Vallée des Merveilles,** dem »Tal der Wunder«,
hinterlassen – ein Gratis-Frei-
lichtmuseum, das man am besten
wandernd besucht (www.vallee
desmerveilles.com). › **S. 87**
- Im Juli und August steht die
Bucht von Cannes während einiger Nächte gratis im Zeichen des
Feuerwerksfestivals (www.fes
tival-pyrotechnique-cannes.com).
- Der wunderbare, 3,5 ha große
**botanische Garten der Villa
Thuret** auf dem Cap d'Antibes,
der im 19. Jh. von dem Algologen
und Botaniker Gustave Thuret
angelegt wurde, bietet freien
Zutritt für Besucher. › **S. 102**

• Port Canto
  Bd. de la Croisette | 06400 Cannes
  Tel. 04 93 43 03 43
  www.lebaoli.com

KA Club Restaurant
Weniger Showbiz und dennoch ❗ coole
Atmosphäre zu erschwinglichen
Getränkepreisen. Von der Terrasse Blick
über Hafen und Altstadt. Tgl. 19.30 bis
5 Uhr, Okt.–April nur Do–Sa.
• 1 Jetée Albert Edouard
  06400 Cannes
  Tel. 07 60 17 20 10
  https://ka-cannes.com

Ausflug zu den Îles de Lérins ⭐ [G3]

Vom Quai Laubeuf in Cannes
fahren Ausflugsboote zu den vor
der Küste gelegenen Inseln Ste-
Marguerite und St-Honorat, allerdings gibt es keine direkten Verbindungen zwischen den beiden Inseln.
Da die Fahrtzeiten kurz sind, kann
man aber ohne Weiteres nach der
vormittäglichen Besichtigung der
einen Insel nach Cannes zurück-
kehren und nachmittags die andere
erkunden.

Île Ste-Marguerite

Die 3 km lange Insel ist Staatsbesitz;
Alleen und Waldwege laden zu Spa-
ziergängen ein. Die Festung **Fort
Royal** wurde auf Befehl Richelieus
zur Verteidigung angelegt und diente später als Staatsgefängnis. Ob der
»Mann mit der eisernen Maske«,
der von 1687 bis 1689 hier als Ge-
fangener lebte, wirklich ein Zwil-
lingsbruder Luwigs XIV. war, konnte nie geklärt werden.

Das Fort beherbergt auch das
Musée de la Mer, das einen Blick in
die Vergangenheit der Region er-
möglicht. Ausgestellt sind aus dem
Meer geborgene archäologische
Fundstücke (Tel. 04 89 82 26 26;
Juli–Sept. tgl. 10–17.45 Uhr, sonst
über Mittag und Mo geschl., Okt.
bis März nur bis 16.45 Uhr).

Die ausgedehnte Klosteranlage auf der Insel St-Honorat

Île St-Honorat

Im Jahr 400 n. Chr. gründete Honoratus, der Sohn eines römischen Beamten, auf der weiter von der Küste entfernten Île St-Honorat ein Kloster, das im frühen Mittelalter zu einem der mächtigsten Glaubenszentren Südfrankreichs avancierte. Um 1070 erbauten die Mönche das Monastère Fortifié, ein Wehrkloster an der Südspitze der Insel, in das sie sich durch einen unterirdischen Gang bei Angriffen der Sarazenen retten konnten. In der Neuzeit verlor es an Bedeutung; erst im Jahr 1869 ließen sich wieder Zisterziensermönche auf St-Honorat nieder (www.abbayedelerins.com).

Heute ist St-Honorat eine Oase der Ruhe direkt vor dem turbulenten Cannes. **50 Dinge** ② › **S. 12**. Schöne Spazierwege führen zwischen den Weingärten rund um die Insel und zu verstreut liegenden Kapellen. Hunger und Durst stillt mittags das einzige Restaurant der Insel, **La Tonnelle** (Tel. 04 92 99 54 08, 12.11.–20.12. geschl., €–€€).

Info

• Zur **Île Ste-Marguerite** fahren Schiffe von Trans Côte d'Azur alle 30 Min. ab 9 Uhr (außer zwischen 12 und 14 Uhr), Fahrtzeit ca. 15 Min.
Tel. 04 92 98 71 30
www.trans-cote-azur.com
• Zur **Île St-Honorat** gelangt man in ca. 30 Min. mit der Linie Planaria. Überfahrten etwa stündlich zwischen 9 und 18 Uhr, So auch 8 Uhr, Okt. bis April nur bis 16 Uhr.
Tel. 04 92 98 71 38
www.cannes-ilesdelerins.com

Mougins **2** [G3]

In dem kleinen pittoresken Städtchen (20 000 Einw.) tobt ein unerbittlicher Kampf der Kochlöffel. In keinem anderen Bergort buhlen so viele Spitzenlokale erfolgreich um die Gunst finanzkräftiger Gäste wie hier. Insbesondere sind zu nennen **La Place de Mougins** mit seinen hausgemachten Spezialitäten und die **Moulin de Mougins,** eine zum Nobelhotel umfunktionierte alte Mühle mit Spitzengastronomie.

Noch vor den Küchenvirtuosen kamen jedoch andere Künstler in das Städtchen: Dem Fotografen und Freund Picassos, André Villers, der Mougins auf seinen Bildern festhielt, ist das **Musée de la Photographie** zu verdanken. Es zeigt wechselnde Fotoausstellungen (Porte Sarrazine; tgl. 10–12.30, 14–18, Mitte Juni–Mitte Sept. bis 19 Uhr; Eintritt frei). Auch Picasso verfiel dem Zauber von Mougins. Er lebte mit seiner Frau Jacqueline ab 1961 in einem Landhaus am Ortsrand bis zu seinem Tod am 8. April 1973.

Info

Office de Tourisme
• 39, pl. des Patriotes | 06250 Mougins
Tel. 04 92 92 14 00
www.mougins-tourisme.fr

Hotel

Hôtel de Mougins €€€
Geschmackvolles Hotel mit Pool und großem Garten, leider nicht umsonst.
• 205, ave. du Golf | 06250 Mougins
Tel. 04 92 92 17 07
www.hotel-de-mougins.com

Restaurants

Moulin de Mougins €€€

Sterne-Restaurant und Hotel (€€€) mit langer Tradition und noch mehr Fantasie. Die Speisekarte passt sich jeweils der Jahreszeit an. Küchenchef Sébastien Chambru, der aus der Schule von Paul Bocuse stammt, gibt auch Kochkurse. (Zweistündige École de cuisine 80 € pro Person). So–Di geschl.

- Notre Dame de Vie | Mougins
  Tel. 04 93 75 78 24
  www.moulindemougins.com

La Place de Mougins €€

Denis Fétisson betreibt eines der kulinarischen Glanzlichter im schicken Mougins, mit angenehmer Terrasse direkt am zentralen Brunnen des Dorfs. Di, Mi geschl.

- Place du Commandant Lamy
  Mougins | Tel. 04 93 90 15 78
  www.laplacedemougins.com

L'Amandier de Mougins €€

Schön gelegenes Gourmetlokal mit Kochschule, ebefalls geleitet von Denis Fétisson.

- 48 ave. Jean-Charles Mallet | Mougins
  Tel. 04 93 90 00 91
  www.amandier.fr

Vallauris 3 [G3]

Auch dieser Ort, der idyllisch inmitten von Orangenhainen liegt, macht mit dem Namen Pablo Picasso das große Geschäft. Die Bronzeplastik »Mann mit Schaf« auf der Place Paul-Isnard ist ein Geschenk des berühmten Ehrenbürgers.

Dank seiner Tonvorkommen war Vallauris seit der Römerzeit als Hochburg des Töpferhandwerks bekannt. Dass dieses nicht verschwand, ist auch Pablo Picasso zu verdanken, der hier von Suzanne Ramié aus der Galerie Madoura für die Arbeit mit Ton begeistert wurde.

Vieles von dem, was in Picassos Atelier in Vallauris entstand, kann man heute im **Musée National Picasso** bewundern. Berühmt ist außerdem sein 1952–1959 entstandenes Monumentalwerk der beiden Wandbilder »La guerre« (Der Krieg)« und »La paix« (Der Frieden) **50 Dinge** ㉙ › S. 15. (Place de la Libération, Tel. 04 93 64 71 83, www.musee-picasso-vallauris.fr; tgl. außer Di 10–12.15 und 14–17, Juli/Aug. 10–12.45 und 14.15–18.15 Uhr.)

Das **Musée de la Céramique** informiert u. a. in einer historischen Werkstatt über die Entwicklung der regionalen Töpferei, die nach wie vor boomt (Öffnungszeiten wie Musée National Picasso, die beide im Schloss von Vallauris untergebracht sind).

Die berühmte Töpferwerkstatt **Madoura,** in der Picasso, Chagall und Matisse arbeiteten, ist im Rahmen einer Führung zu besichtigen (3, rue Georges et Suzanne Ramié, nur nach Reservierung beim Office de Tourisme, Tel. 04 93 63 18 38).

Shopping

Die größte Auswahl hat man beim **Töpferfest** in Vallauris alljährlich im August.

Bleu d'Argile

Hier kann man Keramik aller Art kaufen, fernab der Massenware, die sonst immer angeboten wird, auch wenn die

Motive sehr ähnlich sind. Hier zählt noch das Label »fait main« (handgemacht). **50 Dinge** ㊳ › **S. 16.**

• 30, rue Clemenceau | 06220 Vallauris
Tel. 04 93 64 82 07
www.bleudargile.com

Antibes 4 [G3]

Antibes, Cap d'Antibes und Juan-les-Pins bilden zusammen die Gemeinde Antibes, die nahtlos mit Cannes zusammengewachsen ist. Das eigentliche Antibes (76 400 Einw.), im 4. Jh. v. Chr. von den Griechen als Antipolis gegründet, liegt hinter einem Mauerring, an dem der Festungsbaumeister des Sonnenkönigs Ludwig XIV., Vauban, letzte Hand anlegte.

Altstadt ⭐ 6

Die Altstadt erstreckt sich fächerförmig um die Kathedrale **Église de l'Immaculée Conception**, ursprünglich romanisch, jetzt mit klassizistischer Fassade. Eine künstlerische Kostbarkeit ist die Rosenkranzmadonna von Louis Bréa (16. Jh.).

Die Hauptattraktion in Antibes ist zweifellos die ebenso einzigartige wie umfangreiche Picasso-Sammlung. Im Jahr 1946 zog der damals 65-jährige Künstler zusammen mit Françoise Gilot in das ehemalige Schloss der Grimaldis. Inspiriert von der mediterranen Lebensfreude, machte sich Picasso an die Arbeit. In mehreren Monaten schuf er 150 Werke, die er dem Schloss als Leihgabe überließ. So präsentiert das **Musée Picasso** heute Ölbilder, Skulpturen, Skizzen und Keramiken

Der kleine Strand Plage de la Gravette liegt am Rand der Altstadt von Antibes

des Künstlers, dazu Gemälde von Miró, Max Ernst und Jean Cocteau (Pl. Mariejol, Tel. 04 92 90 54 20/26, tgl. außer Mo 10–13, 14–18 Uhr, 15.6.–15.9. 10 bis 18 Uhr).

Interessant ist auch das **Musée Archéologique**, das sich in der 1698 von Vauban erbauten Bastion St-André (Ave. du Général Maisziere) befindet. Hier wird eine umfangreiche Sammlung zum antiken Antipolis gezeigt (Tel. 04 93 95 85 98, Di–So 10–12.30, 14–18, Nov. bis Jan. 10–13, 14–17 Uhr).

Juan-les-Pins

Der Ortsteil im Südwesten der Halbinsel hat neben seinem Strand und dem Festival »Jazz à Juan« im

Juli zwar nicht so viel zu bieten wie Antibes, reizvoll ist aber der Spaziergang entlang der Uferpromenade nach **Golfe-Juan**. Ein Mosaik an der Kaimauer des Hafens dort erinnert an Napoleon: Das Städtchen ist der südliche Ausgangspunkt der ausgeschilderten Route Napoléon.

! Erst-klassig

Provenzalische Wochenmärkte

....

- **Cours Saleya** in Nizza. Der Inbegriff eines bunten, mediterranen Wochenmarktes und einer der größten an der Côte d'Azur (tgl. vormittags außer Mo). › **S. 62**
- **Marché Forville** in Cannes. Eine richtige Markthalle, wo sich die Alltagsseite des ansonsten so mondänen Cannes entdecken lässt (tgl. vormittags außer Mo). › **S. 97**
- **Cours Masséna** in Antibes. Überdacht im 19. Jh. und dennoch luftig, das Marktdach spendet Schatten beim Einkaufsbummel (tgl. vormittags, Okt.–Mai nicht Mo). › **S. 103**
- **Place des Lices** in St-Tropez. Malerischer als im Schatten uralter Platanen können Marktstände kaum wirken (vormittags Di und Sa). › **S. 132**
- **Cours Lafayette** in Toulon. Schon Gilbert Bécaud, geboren in Toulon, hat diesen Wochenmarkt besungen. Heute geht's hier multikultureller zu denn je (vormittags tgl. außer Mo). › **S. 140**

Cap d'Antibes

Am exklusiven Cap d'Antibes wohnen die Millionäre noch unter sich. Die ca. 4 km lange Landzunge ist bestückt mit Luxuspalästen in tropischen Gärten. An der Westspitze des Cap d'Antibes thront das legendäre **Hotel du Cap-Eden-Roc**. Dort nächtigten zahllose Prominente; F. Scott Fitzgerald setzte ihm in seinem Roman »Zärtlich ist die Nacht« ein kleines literarisches Denkmal.

Rosenliebhaber wissen, dass die Züchtung der berühmten Sorte Baccara im **Jardin Thuret** gelang. Der Botaniker Gustave Thuret hatte ab 1857 auf der Landzunge einen 5 ha großen Botanischen Garten angelegt, in dem auch erstmals in Europa der australische Eukalyptusbaum gedieh (90, chemin Raymond, www6.sophia.inra.fr/jardin_thuret, Mo–Fr 8–18, im Winter 8.30 bis 17.30 Uhr, ∎ Eintritt frei).

Die Strände von Cap d'Antibes sind gepflegt und feinsandig und während der Saison so gut wie immer überfüllt. Auch der angebliche Geheimtipp, die Plage de la Garoupe, hat sich inzwischen längst herumgesprochen.

Vom höchsten Punkt der Halbinsel, dem **Plateau de la Garoupe** mit dem Leuchtturm, hat man einen wunderbaren Panoramablick.

Info

Office de Tourisme
- 42, av. Robert Soleau
  06600 Antibes-Juan-les-Pins
  Tel. 04 22 10 60 10
  www.antibesjuanlespins.com

Hotels

Hotel Baie des Anges €€€

Moderner Komplex 3 km östlich von Antibes mit einem Komforthotel sowie Appartements bzw. Ferienwohnungen. Im angeschlossenen Thalassotherapie-Institut kann man sich verwöhnen lassen.

- 770, chemin des Moyennes Bréguières
  06600 Antibes | Tel. 04 92 91 82 00
  www.hotel-baiedesanges-antibes.com

Hôtel du Cap-Eden-Roc €€€

Zweifellos eine der nobelsten und geschichtsträchtigsten Hoteladressen der Côte d'Azur. Ausgedehnte Parkanlage in Cap d'Antibes mit Zugang zum Meer.

- Boulevard J. F. Kennedy
  06601 Antibes Cedex
  Tel. 04 93 61 39 01
  www.hotel-du-cap-eden-roc.com

Mas Djoliba €€–€€€

❗ Malerisches provenzalisches Landhaus mit Garten, Pool und hübschen, klimatisierten Zimmern.

- 29, ave. de Provence
  06600 Antibes-Juan-les-Pins
  Tel. 04 93 34 02 48
  www.hotel-djoliba.com

Restaurants

L'Oursin €–€€

❗ Die Restaurantadresse für Fischgerichte und Meeresfrüchte in maritimem Ambiente. Tgl. außer Mo.

- 16, rue de la République | Antibes
  Tel. 04 93 34 13 46
  www.restaurant-oursin.fr

Le Vieux Murs €€

Auf den alten Befestigungsmauern von Antibes gelegen mit schöner Terrasse und einem wunderbaren Weitblick aufs Mittelmeer.

- 25, prom. Amiral de Grasse | Antibes
  Tel. 04 93 34 06 73
  www.lesvieuxmurs.com

Le Safranier €

An romantischem Platz gelegenes einfaches Bistro mit jungem Publikum. Freitags ist hier »*aïoli*-Tag«.

- 1, pl. du Safranier | Antibes
  Tel. 04 93 34 80 50

Shopping

Auch Antibes hat seinen Markt, überdacht seit dem 19. Jh. und einer der buntesten an der Côte d'Azur (tgl., Okt bis Mai nicht Mo): Auf dem **Cours Masséna** gibt es vormittags Gemüse, nachmittags werden Antiquitäten und Kunstgewerbe angeboten.

Biot 5 [G3]

Der kleine Ort im Hinterland, nur wenige Kilometer von Antibes entfernt, ist bekannt für sein traditio-

Markt auf dem Cours Masséna, Antibes

nelles Kunsthandwerk. Zahlreich sind vor allem die Werkstätten der Glasbläser. **50 Dinge** ㉚ › **S. 15**.

Als Schmuckstück des Dorfs thront auf der Bergkuppe die Kirche **Ste-Madeleine-St-Julien** (15. Jh.).

Seinen internationalen Ruhm verdankt Biot jedoch dem Maler und Grafiker Fernand Léger. Am Ortsrand leuchtet unübersehbar ein buntes riesiges Keramikmosaik – das Erkennungszeichen des **Musée National Fernand Léger.** Dieses Mekka moderner Kunst ist Nadia Léger zu verdanken. Als ihr Mann, kurz nachdem er das Gelände für das Museum gekauft hatte, starb, setzte sie die Arbeit in seinem Sinne fort. Ausgestellt sind über 300 Werke, die Légers künstlerische Entwicklung ab 1904 nachvollziehen lassen. Für den Bau zeichnet Roland Brice, ein

> **SEITENBLICK**
>
> ### Frankreichs Silicon Valley
>
> Im Hinterland von Antibes liegt auch der Technologie- und Forschungspark **Sophia Antipolis**, wo auf 2300 ha Fläche ca. 1400 Firmen mit 30 000 Beschäftigten arbeiten. Auffällig ist, wie gut sich die Gebäude für Forschung und Produktion harmonisch in die Landschaft einfügen. Leitmotiv ist der innovative Gedankenaustausch zwischen allen Unternehmensbereichen, daher gibt es keine optische Abgrenzung durch Mauern. Nichts soll die Zirkulation der Ideen stören. Wer sich den erfolgreichen Hightech-Park ansehen möchte, kann ihn mit dem Auto durchqueren (www.sophia-antipolis.org).

Schüler Légers, verantwortlich. (255, chemin du Val de Pome, Tel. 04 92 91 50 20, www.musee-fernandleger.fr; tgl. außer Di 10–17, Mai–Okt. bis 18 Uhr).

Info

Office de Tourisme
• 4, chemin neuf | 06410 Biot
  Tel. 04 93 65 78 00
  www.biot-tourisme.com

Hotel/Restaurant

Les Arcades €
Hotel, Restaurant und Galerie befinden sich in einem Haus; die regionale und italienisch geprägte Küche wird in einem einladenden Ambiente zwischen Kunstwerken serviert. So abends (im Winter) und Mo geschl.
• 14/16, place des Arcades | Biot
  Tel. 04 93 65 01 04
  www.hotel-restaurant-les-arcades.com

Shopping

La Verrerie de Biot
In der Manufaktur kann man zuschauen, wie die zerbrechlichen Kostbarkeiten aus Glas entstehen, und sie im Laden auch kaufen. Geöffnet im Sommer Mo–Sa 9.30–20, So/Fei 10.30–13.30 und 14.30–19.30 Uhr, im Winter 9.30 bis 18, So/Fei 10.30–13.30 und 14.30 bis 18.30 Uhr.
• Chemin des Combes | Biot
  Tel. 04 93 5 03 00
  www.verreriebiot.com

Cagnes-sur-Mer **6** [H3]

Das Städtchen (47 000 Einw.) gliedert sich in mehrere Ortsteile: die ummauerte Oberstadt Haut-de-

Die malerischen Gässchen von St-Paul-de-Vence sind ein Touristenmagnet

Cagnes, das quirlige Geschäftsviertel Cagnes-Ville und den Badeort Cros-de-Cagnes.

Haut-de-Cagnes wird von einer zinnenbekrönten, im 14. Jh. errichteten Grimaldi-Burg mit einem hübschen dreistöckigen Innenhof überragt. In diesem **Château** sind zwei recht unterschiedliche Museen untergebracht: Was man schon immer über die Kultivierung des Olivenbaums wissen wollte, vermittelt das **Musée de l'Olivier** im Erdgeschoss. Im **Musée d'Art Moderne** sind Werke von Künstlern der klassischen Moderne wie Matisse, Renoir oder Chagall ausgestellt, die alle an der Côte gearbeitet haben (tgl. außer Di, 10–12, 14–18 Uhr, 1.10.–31.3. bis 17 Uhr).

Die Hauptattraktion von Cagnes ist das **Musée Renoir** am Chemin des Colettes. Der Maler Auguste Renoir erwarb 1907 das Grundstück, baute sich die Villa und verbrachte darin die letzten zwölf Jahre seines Lebens. 1960 kaufte die Stadt »Les Colettes« und beließ das Anwesen, dessen Garten Statuen schmücken, im Originalzustand (Chemin des Collettes, Tel. 04 93 20 61 07, tgl. außer Di 10–13 und 14–18 Uhr, Okt–März 10–12 und 14–17 Uhr).

Info
Office de Tourisme
- 6, bd. du Maréchal Juin
  06800 Cagnes-sur-Mer
  Tel. 04 93 20 61 64
  www.cagnes-tourisme.com

St-Paul-de-Vence 7 ⭐ [G3]

Das pittoreske Dorf auf einer Hügelkuppe mit wehrhafter Befestigungsmauer und mittelalterlichem Flair ist von Antibes aus mit dem Auto in einer knappen halben Stunde erreicht. Saint-Paul war in den 1920er-Jahren Treffpunkt bekannter Künstler wie Braque, Matisse oder Picasso – deren Ruhm hier gnadenlos vermarktet wird. Durch die autofreien Gassen schieben sich im Sommer zahllose Touristen.

Vor den Toren von St-Paul lockt eine der berühmtesten Sammlungen moderner Kunst. 1964 schuf hier das Kunsthändlerehepaar Maeght inmitten eines Pinienhaines mit der **Fondation Maeght** ⭐ ein Juwel › **Special Kunst S. 46**. Kaum ein anderes Museum vermittelt eine so harmonische Einheit zwischen Natur, Architektur und moderner Kunst. Schon das weiß-rote Gebäude, ein Entwurf des katalanischen Architekten Josep Lluís Sert, ist ein Kunstwerk.

An der Gestaltung der Innenräume wirkten namhafte Künstler mit: So schuf etwa Chagall ein Wandmosaik, Braque ein Fenster und Miró ein Keramiklabyrinth.

Info

Office de Tourisme
- 2, rue Grande
  06570 St-Paul-de-Vence
  Tel. 04 93 32 86 95
  www.saint-pauldevence.com

Restaurant

La Colombe d'Or €€€

In dem exquisiten Restaurant hängen Gemälde von Picasso, Miró und anderen Künstlern. Anf. Nov. bis Weihnachten geschl.
- Place du Général de Gaulle
  06570 St-Paul-de-Vence
  Tel. 04 93 32 80 02
  www.la-colombe-dor.com

Unterwegs in der Hochprovence

Grasse 8 ⭐ [G3]

Den Aufstieg zu Ruhm verdankt die noch sehr mittelalterlich wirkende Stadt (50 000 Einw.) Königin Katharina von Medici. Seit dem Mittelalter war Grasse für die Herstellung von Lederhandschuhen bekannt, und als die adelige Dame begann, dieses Accessoire mit ein paar Spritzern Parfüm zu tragen, boomte die Duftbranche. Nach der Französischen Revolution entdeckte auch das wohlhabende Bürgertum die Lust am Duft, und das Geschäft begann erneut zu florieren.

Heute werden in Grasse jährlich etwa 500 t Rosen, 60 t Jasmin und 100 t Orangenblüten geerntet und verarbeitet. Die Herstellungsverfahren sind von der Antike bis zur Gegenwart sind im **Musée International de la Parfumerie** dokumentiert (2, boulevard du Jeu de Ballon, Tel. 04 97 05 58 00, www.museesde grasse.com; Mai–Sept. 10–19, sonst 10–17.30 Uhr.

Die Firmen der bedeutendsten Parfümhersteller von Grasse, **Molinard** (60, bd Victor-Hugo), **Fragonard** (Les 4 chemins, route de Cannes) und **Galimard** (73, route de Cannes), können kostenlos besichtigt werden. **50 Dinge** ③ › **S. 12**. Führungen gibt es hier auch auf Deutsch.

Die Parfumerie Fragonard in Grasse

In Grasse lebte als Sohn einer Kaufmannsfamilie Jean-Honoré Fragonard (1732–1806), dem das **Musée Villa Fragonard** gewidmet ist. Es zeigt Gemälde, Kopien sowie Andenken an den Rokokomaler (23, bd. Fragonard; derzeit wegen Renovierung auf unbestimmte Zeit geschlossen).

Sehenswerte Gemälde birgt auch die Kirche **Notre-Dame-du-Puy** (12. Jh.): Der Flügelaltar im rechten Seitenschiff wird Louis Bréa zugeschrieben. Über dem Eingang zur Sakristei hängen ein Bild von Fragonard und zwei von Rubens (im Winter Mo–Sa 9–12 und 14–17, So 9–12, sonst tgl. bis 18 Uhr).

Info

Office de Tourisme
• Place de la Buanderie
  06131 Grasse
  Tel. 04 93 36 66 66
  www.grassetourisme.fr

Hotels

Hôtel du Patti €€
Kuscheliges Charme-Hotel mit Restaurant mitten in der Altstadt.
• Place du Patti | Grasse
  Tel. 04 93 36 01 00
  www.hotelpatti.com

Auberge Les Arômes €€
Kleines, familiäres, mit Efeu überwachsenes Hotel mit griechisch-armenischem Restaurant am Rand der Altstadt.
• 115 route de Cannes | Grasse
  Tel. 04 93 09 08 01
  www.auberge-les-aromes.com

Restaurants

Bastide St-Antoine €€€
Im preisgekrönten Gourmettempel des gleichnamigen 5-Sterne-Hotels speisten schon die Kennedy-Familie und die Rolling Stones. Mo geschl.
• 48, ave. Henri Dunant | Grasse
  Tel. 04 93 70 94 94
  www.jacques-chibois.com

Au Fil du Temps €€–€€€

Junge, kreative Küche in intimem, zeitgenössischem Ambiente. So und Mi geschl.

- 83, ave. Auguste Renoir | Grasse
  Tel. 04 93 36 20 64
  www.restaurantaufildutemps.com

Shopping

Parfums Gaglewski

Düfte vom erfolgreichen Newcomer in Grasse. **50 Dinge** ㊴ › S. 16. Mo–Sa 10–18 Uhr

- 12, rue de l'Oratoire | Grasse
  Tel. 06 82 66 01 22

Venturini

Konditorei, bekannt für ihr Salzgebäck *fougassettes* und ihr dunkles Nougat. **50 Dinge** ⑳ › S. 14.

- 1, rue M. Journet | Grasse
  Tel. 04 93 36 20 47

Gourdon ⑨ ⭐ [G3]

Wenn einem Dorf der Beiname *nid d'aigle* (Adlerhorst) gebührt, dann ist es wohl Gourdon, das in fast 800 m Höhe auf einem Felsen erbaut wurde. Gewagt erscheinen die Unterstützungsmauern, auf denen die Place Victoria ruht. Sie ist nach der englischen Königin benannt, die bekanntlich die Côte d'Azur schätzte. In Gourdon wird ihr außer der frischen Höhenluft sicher der Rundblick auf die Gorges du Loup und die ferne Küste gefallen haben. Ein grandioser Blick auf die Côte d'Azur aus schwindelnder Höhe bietet sich vom Platz am Ende der Rue Principale. **50 Dinge** ㉒ › S. 15.

   Auch wenn die **Gorges du Loup** natürlich nicht so spektakulär sind

wie der Grand Canyon du Verdon, so lohnt sich doch die Fahrt mit dem Auto über die D 6, auf der bis zu 40 m hohe Wasserfälle und überhängende Felsnasen einander abwechseln.

Restaurant

Au Vieux Four €–€€

Familiäre, regionale Küche mit Produkten vom Wochenmarkt in rustikalem Ambiente. So–Di mittags, Fr/Sa auch abends.

- 4, rue Basse | 06620 Gourdon
  Tel. 04 93 09 68 60

Tourrettes-sur-Loup ⑩ [G3]

Die Reihung der Häuserfronten von Tourrettes-sur-Loup lässt noch den ehemaligen Verlauf der mittelalterlichen Stadtmauer erahnen, von der heute nur noch zwei Tore erhalten sind. Der alte Burgfried des Schlosses (13. Jh.) hat die Zeiten überdauert und gehört mittlerweile zum Rathaus des kleinen Ortes.

   Tourrettes zählt zu den malerischsten *Villages perchés* der Côte d'Azur, und der Tourismus hat den traditionellen Veilchenanbau als Haupteinnahmequelle abgelöst. Auf den Märkten von Nizza und selbst Paris waren die Veilchen aus Tourrettes berühmt. Aus den Blättern gewann man in Grasse Essenzen für die Parfümerie, in Toulouse veredelte man sie zu kandierten Süßigkeiten. Auch heute noch gedeiht das empfindliche Veilchen im Schutz der Olivenbäume.

Vence [G3]

Enge, verwinkelte Gassen hinter mittelalterlichen Stadtmauern charakterisieren die Altstadt von Vence. Die Kleinstadt (20 000 Einw.) inmitten von Olivenhainen und Rosenfeldern wurde vermutlich von den Römern gegründet, im 8. Jh. von Sarazenen zerstört und erst im 10. Jh. wieder aufgebaut.

Die Kathedrale **Nativité de la Vierge,** im 11. Jh. errichtet, wurde im Lauf der Jahrhunderte mehrmals umgebaut. Das Baptisterium schmückt heute ein Mosaik von Marc Chagall.

Viele Besucher allerdings kommen nur nach Vence, um die **Chapelle du Rosaire** zu besichtigen › **Special Kunst S. 46** mit ihren Kreuzwegstationen auf weiß gefliesten Wänden und den beinahe abstrakt wirkenden grün-gelb-blauen Fenstern. Das Dach krönt ein hohes schmiedeeisernes Kreuz.

Der schwer kranke Henri Matisse war 1943 von einer Ordensschwester in Vence gesund gepflegt worden. Aus Dankbarkeit nahm er den Auftrag zur Gestaltung der Kapelle der Dominikanerinnen an. Von 1947 bis 1951 arbeitete er an dem Bau. Er entwarf darüber hinaus Leuchter, Messgewänder und die Strichzeichnungen auf den glasierten Wandfliesen.

Info

Office de Tourisme
- Pl. du Grand Jardin | 06140 Vence
  Tel. 04 93 58 06 38
  www.vence-tourisme.com

Hotel

Villa Roseraie €€
Charmante Villa mit sehr individuell gestalteten Zimmern. Auch Garten und Pool stehen zur Verfügung.
- 128, ave. Henri Giraud
  06140 Vence
  Tel. 04 93 58 02 20
  www.villaroseraie.com

Restaurant

La Farigoule €–€€
Gehobene provenzalische Küche kurz vor dem Eingang in die Altstadt. Mo, Di geschl.
- 15, ave. Henri Isnard | 06140 Vence
  Tel. 04 93 58 01 27
  www.lafarigoule-vence.fr

In der Altstadt von Vence

Castellane 12 [E2]

Der kleine Ort profitiert von seiner Nähe zu den Schluchten des Verdon, denn in der Hochsaison wimmelt es hier von Wanderern und Wildwassersportlern, die sich im Kajak, Kanu oder beim Rafting in den Fluten des Verdon, der durch Castellane fließt, ausprobieren wollen. Zudem bietet Castellane eine einmalige Lage im Schatten der Alpenausläufer.

Direkt hinter der kleinen Altstadt ragt **Le Roc** (»der Fels«) mit seinen 184 m steil empor. Auf seiner Spitze steht seit Menschengedenken eine **Kapelle,** die aktuelle stammt überwiegend aus dem 19. Jh. Diesen Wallfahrtsort mit seinen vielen Votivtafeln erreicht man nach recht anstrengenden 30 Min. Fußweg, doch der phänomenale Rundblick, der sich dann bietet, entschädigt dafür. Deutlich zeichnet sich der zentrale Marktplatz des Ortes ab, um den sich Restaurants, Bars und die wenigen Hotels angesiedelt haben.

Info

Office de Tourisme
- Rue nationale | 04120 Castellane
  Tel. 04 92 83 61 14
  www.castellane.org

Hotels

Nouvel Hôtel du Commerce €€
Größtes Hotel im Ort mit gutem Restaurant, ideal gelegen am Hauptplatz.
1. Nov.–31. März geschl.
- Place M. Sauvaire | 04120 Castellane
  Tel. 04 92 83 61 00
  www.hotel-du-commerce-verdon.com

Hôtel du Roc €
Kleines, einfaches Hotel mit Restaurant, ebenfalls im Ortskern. Nov. geschl.
- Place de l'Eglise | 04120 Castellane
  Tel. 04 92 83 62 65

Grand Canyon du Verdon 13 ⭐ 9 [D/E2]

Schroffe, kaum bewachsene Steilhänge, die bis zu 750 m in den Himmel ragen, eine etwa 20 km lange, klaffende Schlucht: Der Grand Canyon du Verdon ist eine der größten Natursehenswürdigkeiten Europas. In 2500 m Höhe entspringt am Col d'Allos der Fluss Verdon und mündet nach 175 km bei Cadarache in die Durance, einen Nebenfluss der Rhône. Zu den beeindruckendsten Talabschnitten gehört das Teilstück zwischen Rougon und Aiguines.

Als Startpunkt für eine Rundfahrt mit dem Auto (ca. 106 km) eignen sich Comps-sur-Artuby, Castellane oder Moustiers-Ste-Marie. Wer sich nur einen kurzen Eindruck verschaffen möchte, sollte an der Südseite des Canyons von Comps-sur-Artuby aus der ca. 44 km langen **Corniche Sublime** (D 71) folgen. Die schönste Aussicht dieser Tour hat man von den **Balcons de la Mescla,** benannt nach dem Zusammenfluss (Mescla) von Artuby und Verdon. Mehrere Aussichtspunkte (Balcons) erlauben einen schwindelerregenden Blick in die Tiefe auf den smaragdgrünen Fluss. Vom **Pont de l'Artuby** aus, der Brücke, die sich kurz vor der Schlucht über den Artuby-Fluss

`SPECIAL`

Wandertour im Grand Canyon

Eine der schönsten Wanderungen in der gesamten Region führt auf dem mit einem rot-weißen Doppelstrich deutlich markierten *Sentier Martel* (Fernwanderweg GR 4) durch einen Teil der Verdon-Schlucht. Für die ca. 15 km lange Strecke muss man mit 6–7 Stunden Gehzeit rechnen. Angemessene Ausrüstung, eine ehrliche Einschätzung der eigenen sportlichen Kondition, Belastbarkeit und bisweilen Schwindelfreiheit sind erforderlich.

Einstieg ist an der kleinen Herberge Châlet de la Maline an der Route des Crêtes, von wo es in steilen Serpentinen hinunter zum Fluss geht. **50 Dinge** ⑦ › **S. 12**. Im weiteren Verlauf sind mehrere kleine, mit Halteseilen gesicherte Treppen zu überwinden.

Nach ca. 2,5 Std. gilt es, an der 100 m über dem Fluss spektakulär gelegenen Brèche d'Imbert eine sehr steile Eisentreppe mit über 200 Stufen hinabzusteigen. Weiter geht der Weg durch üppige Vegetation am türkisblauen Verdon entlang; für ein Picknick finden sich wunderschöne Plätze am Ufer. Man sollte jedoch nicht durch das seichte Wasser hindurch auf die andere Seite wechseln, denn der Wasserstand kann ganz plötzlich ansteigen!

Gegen Ende der Wanderung führt der Weg durch zwei lange, dunkle Tunnels, deswegen sollte man unbedingt eine Taschenlampe dabeihaben. Die Wanderung endet am Point Sublime. Hier gibt es einen Parkplatz und eine Bar, die müde Wanderer versorgt.

Für die Rückfahrt zum Châlet de la Maline, wo der Wagen geparkt wurde, empfiehlt es sich, ein Taxi schon vorab zu reservieren.

- **Trans'Verdon Taxi**
  Tel. 04 92 77 14 20
- **Taxi Verdon**
  Tel. 04 92 72 52 01

spannt, bietet sich ebenfalls ein fantastischer Blick. Auf der Höhe der Tunnels de Fayet verläuft die Straße in 400 m Höhe über der gewaltigen Schlucht. Wer nicht schwindelfrei ist, könnte bei der Fahrt möglicherweise Probleme haben.

Die noch spektakulärere (und jüngere) der beiden Panoramastraßen ist sicher die **Route des Crêtes,** auf der man in einem Rundkurs an der Nordseite der Schlucht entlanggeführt wird (aufgrund der Serpentinen und der engen Fahrbahn darf diese Straße von La Palud aus gesehen nur im Uhrzeigersinn befahren werden).

Aiguines 14 [D2]

Aiguines sollte man vom Grand Canyon du Verdon kommend über die D 19 ansteuern, denn so präsentiert sich unvermutet hinter einer Kurve die Hauptsehenswürdigkeit des Ortes, sein sorgsam restauriertes, in Privatbesitz befindliches **Renaissanceschloss.**

Adrenalinschub garantiert

Saut à l'Elastique-Benji nennen die Franzosen das, was auch bei uns als Bungeejumping zu den Extremsportarten zählt. Vom 182 m hohen Pont de l'Artuby › S. 110, der Brücke, die den Fluss Artuby kurz vor seiner Mündung in den Verdon überspannt, können Mutige den Sprung am elastischen Seil in die Tiefe wagen (ab April auf Voranmeldung, www.latitu de-challenge.fr, Tel. 04 91 09 04 10).

Einst lebte man in Aiguines von der Herstellung von Kugeln für den Nationalsport der Franzosen, Pétanque. Sie wurden bis zum Beginn des 20. Jhs. aus dem harten Buchsbaumholz hergestellt. Heute profitiert das Dorf von seiner Nähe zum **Lac de Ste-Croix. 50 Dinge ⑨ › S. 13.** Der Wassersport auf dem See beschert Aiguines hungrige Urlauber, die in die wenigen Bistros im Ort einkehren.

Moustiers-Ste-Marie 15 [D2]

Moustiers gilt seit über 300 Jahren als Synonym für qualitätvolle Fayencen. In der Epoche Ludwigs XVI. pflegte die königliche Familie vom Steingutgeschirr aus Moustiers zu speisen, denn die früher im Herrscherhaus verwendeten Teller aus massivem Gold oder Silber mochten sich angesichts knapper Kassen selbst die Monarchen nicht mehr leisten. Heute stellen knapp 20 Ateliers in Moustiers Fayencen her – jedoch nicht mehr für den Adel, sondern für die Scharen von Touristen, die den Ort besuchen.

Über die Geschichte der Fayenceherstellung informiert das **Musée de la Fayence** (Rue du Seigneur de la Clue, www.moustiers.eu; Tel. 04 92 74 61 64, Mi–Mo 10–12.30, 14–18, Juli/Aug. tgl. bis 19 Uhr).

Moustiers ist von steilen Felswänden umstellt, zwischen denen eine Eisenschnur gespannt wurde, an der ein großer Stern hängt. Er soll von einem Ritter des 12. Jhs.

Moustiers-Ste-Marie mit der romanischen Kirche Notre-Dame

hier platziert worden sein als Dank an Maria für seine glückliche Heimkehr von einem Kreuzzug.

Die Kirche **Notre-Dame** mit ihrem stattlichen romanischen Glockenturm und die nach einem recht beschwerlichen Aufstieg zu erreichenden Kapelle **Notre-Dame de Beauvoir** aus dem 14. Jh. sind neben den vielen Ateliers für Fayencen die Hauptanziehungspunkte des Ortes.

Info

Office de Tourisme
• Place de l'Église
  04360 Moustiers-Ste-Marie
  Tel. 04 92 74 67 84 | www.moustiers.eu

Hotels

La Bastide du Paradou €€
Acht geschmackvoll eingerichtete Zimmer ❗ in einem alten Herrenhaus, umgeben von einem Park, wenige Gehminuten von Moustiers. Mitte Nov. bis Anfang März geschl.
• Le Paradou | Moustiers-Ste-Marie
  Tel. 04 92 74 13 60
  www.hotelclubparadou.fr

Les restanques de Moustiers €–€€
Etwas südlich von Moustiers gelegenes zweckmäßiges Hotel mit schöner Terrasse. Mitte Nov.–Mitte März geschl.
• Route des Gorges du Verdon
  04360 Moustiers-Ste-Marie
  Tel. 04 92 74 93 93
  www.hotel-les-restanques.com

Restaurant

Ferme Ste Cécile €€
Etwas außerhalb von Moustiers in Richtung Gorges du Verdon gelegener Hof mit sehr guten Fischgerichten und selbst gebackenem Brot. Nov.–März geschl.
• Route des Gorges du Verdon
  04360 Moustiers-Ste-Marie
  Tel. 04 92 74 64 18
  www.ferme-ste-cecile.com

Shopping

Im ganzen Dorf reihen sich unzählige **Keramikgeschäfte** aneinander. Von den ein- und zweifarbigen traditionellen Fayencen bis hin zu den modernen vielfarbigen Stücken reicht die Angebotspalette, die für jeden Geschmack etwas bietet.

Digne-les-Bains 16 [D1]

Die Hauptstadt des Départements Alpes de Haute-Provence wurde schon in der Römerzeit gegründet, auch wenn sich keine baulichen Überreste aus dieser Epoche erhalten haben. Aber schon damals dürften die **Thermalquellen** der Stadt genutzt worden sein. Seit einigen Jahrzehnten hat sich Digne als Thermalbad für Kuren und Beauty-Behandlungen › S. 33 etabliert.

Der im 19. Jh. angelegte und von Platanen bestandene Prachtboulevard Gassendi führt vom Ufer der Bléone auf die große Place Général de Gaulle zu. Südlich steht erhöht die **Kathedrale St-Jérôme** aus dem späten 15. Jh., umgeben von kleinen Gassen. Etwas abseits liegt die alte Kathedrale **Notre-Dame du Bourg** mit ihrer markanten großen Rosette.

Info

Office de Tourisme
- Place du Tampinet
  04000 Digne-les-Bains
  Tel. 04 92 36 62 62
  www.ot-dignelesbains.fr

Hotels

Le Grand Paris €€–€€€
Nobles Hotel mit leicht antiquiertem Charme; gutes Restaurant.
- 19, bd. Thiers | Digne-les-Bains
  Tel. 04 92 31 11 15
  www.hotel-grand-paris.com

Hotel Villa Gaia €€
Ruhig gelegene Villa mit geschmackvoll eingerichteten Zimmern und guter Küche. Nov.–Mitte April geschl.

- Route de Nice (3 km südwestl. von Digne) | Tel. 04 92 31 21 60
  www.hotel-villagaia-digne.com

Hotel de Provence €
Einfaches Hotel in der Altstadt mit kürzlich renovierten Zimmern.
- 17, bd. Thiers | Digne-les-Bains
  Tel. 04 92 31 32 19
  www.hotel-alpes-provence.com

Restaurants

Le Chaudron €
Hier kocht der Patron, und er bringt frischen Fisch und provenzalische Spezialitäten auf den Tisch.
- 40, rue de l'Hubac | Digne-les-Bains
  Tel. 04 92 31 24 87

L'Olivier €
Provenzalische Küche ohne viel Schnickschnack. Di, Mi geschl.
- 1, rue des Monges | Digne-les-Bains
  Tel. 04 92 31 47 41
  www.resto-lolivier.fr

Entrevaux 17 ⭐ [F2]

Hätte der Festungsbaumeister Ludwigs XIV., Vauban, nicht den Auftrag bekommen, den Grenzort zu Savoyen zu befestigen, Entrevaux wäre ein unbedeutendes Dorf geblieben. Heute gibt es nichts mehr zu verteidigen, im Gegenteil, die massiven Festungsmauern öffnen sich den Besuchern, die auf einer Fahrt mit dem »Pinienzapfenzug« › S. 150 hier Station machen. Drei mächtige Stadttore, die einst von Zugbrücken verschlossen wurden, haben sich erhalten. Bekrönt wird der von schmalen Gassen durchzo-

Stadttor in der mächtigen Festungsmauer von Entrevaux

gene Ort am Ufer des Var von einer **Zitadelle** (tgl. geöffnet, Eintritts-Jetons im Office de Tourisme).

Info

Office de Tourisme
• Porte Royale du Pont Levis
04320 Entrevaux | Tel. 04 93 05 46 73
http://tourisme-entrevaux.fr

Hotel

Hotel Le Vauban €
Kleines familiäres Hotel mit Restaurant – eine Institution in Entrevaux.
• 4, place Louis-Moreau | Entrevaux
Tel. 04 93 05 42 40
www.hotel-le-vauban.com

Restaurant

L'Ambassade €
Im mittelalterlichen Dorfkern gelegenes traditionelles Restaurant mit Terrasse. *Secca* (Dörrfleisch) sollte hier probiert werden.
• Place du Marché | Entrevaux
Tel. 04 93 05 49 98

Puget-Théniers 18 [G2]

Der kleine Ort am Rand des Mercantour-Nationalparks, der auf der Strecke des »Pinienzapfenzuges« › **S. 150** liegt, scheint vom Tourismus bislang noch kaum berührt zu sein. Hier herrscht der ruhige Tagesrhythmus, der fast alle Dörfer des Hinterlands der Côte d'Azur prägt. Die im 13. Jh. von den Templern errichtete Kirche **Notre-Dame de l'Assomption** mit üppiger Barockausstattung lohnt einen Besuch.

Puget-Théniers ist der Geburtsort des Sozialisten und Revolutionärs Auguste Blanqui. Ihm zu Ehren schuf einer der bekanntesten französischen Bildhauer des frühen 20. Jhs., Aristide Maillol (1861 bis 1944), eine Bronze, die eine nackte Frau mit auf den Rücken gebundenen Armen darstellt. Die mit *l'action enchaînée* (»die gefesselte Aktion«) betitelte Plastik ziert den Hauptplatz.

SPECIAL

Wandern an der Küste und im Hinterland

Wer die Côte d'Azur und ihr Hinterland bereist, sollte auch ein Paar Wanderstiefel dabeihaben. Auf ausgeschilderten Küstenpfaden, aber auch und vor allem in den Seealpen und im Grand Canyon du Verdon lässt es sich hervorragend wandern.

Den heißen Juli und August sollte man unbedingt vermeiden, auch weil einige küstennahe Wanderwege wegen Brandgefahr oft bis Mitte September gesperrt sind. Von April bis Juni und ab Mitte September aber verspricht das Klima trotz einiger möglicher Regenschauer beste Wanderbedingungen.

Nummerierte Fernwanderwege, die mit rot-weißer Markierung versehenen GR *(sentiers de Grande Randonnée),* und Küstenwege, die gelb markierten *sentiers du littoral,* erschließen die schönsten Landschaften der Region.

Sehr zu empfehlen sind die Wanderkarten im Maßstab 1:25 000 (TOP 25) des Institut géographique national (IGN), erhältlich über http://loisirs.ign.fr sowie in deutschen Fachbuchhandlungen und natürlich vor Ort. Tipp: Über www. geoportail.fr, Rubrik »Cartes IGN« lassen sich alle Wanderkarten am Bildschirm anschauen und in gewünschtem Detail und Maßstab sogar ausdrucken! Sehr gute Wanderführer auf Deutsch bietet außerdem der Bergverlag Rother (www. rother.de).

Wandern in den Seealpen

Bei günstigem Wetter sind die Seealpen ein hervorragendes Wandergebiet mit fantastischem Weitblick bis hinunter zur Küste. Hölzerne und nummerierte Wegweiser *(poteaux)* zeigen die Zielrichtungen, Höhenangaben und oft auch Distanzen an.

Ein schöner, relativ leichter Rundwanderweg, der durch ausgedehnte Wälder und über mehrere Gipfel führt, beginnt auf 1516 m Höhe am **Col de Turini** › S. 68. Von der Hauptstraße nimmt man zunächst den Fernwanderweg GR 52 A in westlicher Richtung. Nach 1,5 Std. ist am Cime de Sourcas (1516 m) bei klarem Wetter der erste Panoramablick bis zum Meer garantiert. Weitere Gipfelpunkte sind Tête de Gaglio (1568 m), Tête de Fracha (1608 m) und Cime de la Calmette auf 1786 m. Nach knapp 4 Std. Gehzeit ist man wieder am Col de Turini angelangt.

• Wanderkarte: 3741 OT (Vallée de la Vésubie) der TOP-25-Serie.

Küstenwandern

Am langen Küstenstreifen der Côte sucht man zwar die Einsamkeit der Bergwelt vergebens, wird jedoch durch den allgegenwärtigen Blick aufs azurblaue Mittelmeer entschädigt.

Wer das teuerste Fleckchen Erde der Côte d'Azur näher in Augenschein nehmen möchte, der umrundet das **Cap Ferrat** › S. 77 auf dem Küstenpfad vom Hafen St-Jean-Cap-Ferrat aus zunächst in Richtung Plage Paloma und weiter zur Landspitze Pointe de St-Hospice. Badebuchten und immer wieder Straßenabschnitte folgen. Wenn auch schlecht markiert, so fällt die Orientierung dennoch nicht schwer.

• Wanderkarte: Nützlich sein kann die TOP-25-Karte 3742 OT (Nice-Menton).

Auf der **Île de Porquerolles** › S. 137 lassen sich Wanderungen zwischen 2 und 5 Stunden unternehmen. An der Nordküste liegen drei herrliche Sandstrände, während die der See zugewandte Südküste mit bis zu 100 m hohen Klippen ins Meer stürzt.

• Wanderkarte: Gute Übersicht bietet die TOP-25-Karte 3446 OT (Hyères-Île de Porquerolles).

Ein Klassiker unter den Wanderungen an der Côte d'Azur ist die Strecke von **Cassis** › S. 144 zur Calanque d'En-Vau. Die parallelen Wege GR 51 und GR 98 sind sehr gut markiert. Der eineinhalbstündige Weg (einfache Strecke) und ein am Ende mühseliger Abstieg mit Klettertendenz in die herrliche Calanque d'En-Vau wird mit einem Bad im Meer belohnt.

Wandern im Grand Canyon du Verdon

Eine Wanderung im Grand Canyon du Verdon sollte als Tagesausflug von Castellane aus geplant werden. Voraussetzung ist ein bereits anhaltend trockenes, aber nicht zu heißes Wetter. Die bekannteste Tour, zugleich eine der schönsten, führt in 6–7 Stunden auf dem Sentier Martel – auf weite Strecken identisch mit dem GR 4 – vom Châlet de la Maline an der Route des Crêtes durch die üppige Vegetation der Schlucht zum Point Sublime › Special S. 111.

• Wanderkarte: Die IGN TOP-25-Karte 3442 OT (Gorges du Verdon) zu haben ist ratsam, aber nicht unbedingt nötig, da der GR 4 deutlich markiert ist.

IM SCHATTEN DER KÜSTEN-GEBIRGE

Kleine Inspiration

- **Anhalten an der Pointe de Maubois** auf der Esterel-Küstenstraße und den Kontrast von rotem Porphyr-Gestein und stahlblauem Meer bewundern › S. 125
- **Mit dem Schiff fahren** von St-Raphaël nach St-Tropez › S. 126
- **Frühstücken auf der Place Gambetta in Bormes-les-Mimosas** während der Mimosenblüte im Februar › S. 135

Das Massif de l'Esterel setzt der weiten Bucht von Cannes ein jähes Ende, weiter westlich schiebt sich das Mauren-Massiv bis an die Küste. Dazwischen ragt die Halbinsel von St-Tropez mit ihren Stränden ins Meer.

Südwestlich der Bucht von Cannes erheben sich zunächst die roten Porphyr-Felsen des Massif de l'Esterel. In der schmalen Ebene, die dann zum Massif des Maures überleitet, liegen das Seebad St-Raphaël und das kulturhistorisch bedeutendere Fréjus. Immer dichter schiebt sich dann das bewaldete Mauren-Massiv an die Küste. Zuvor hat die Natur aber eine große Halbinsel ins Meer ragen lassen, auf der sich heute die schönsten und längsten Sandstrände der Côte d'Azur aneinanderreihen. Legendären Ruf genießt

der Plage de Pampelonne als Tummelplatz der Reichen und Schönen. Im Hafen von St-Tropez drängeln sich zur Hauptsaison die luxuriösesten Jachten des Mittelmeers. Weiter westlich bietet sich von den Inseln Île de Porquerolles und Île de Port-Cros in der Bucht von Hyères ein herrlicher Blick auf die Küste bei Le Lavandou und das Mauren-Massiv. Schnell vergessen ist der Trubel der Côte d'Azur dann auf den kurvigen, schmalen Straßen, die etwa nach Collobrières hinaufführen, der Hauptstadt des Massif des Maures.

Touren in der Region

Ums Massif de l'Esterel

Route: Théoule-sur-Mer › Corniche de l'Esterel › Agay › Cap du Dramont › St-Raphaël › Fréjus › La Napoule

Karte: Seite 121
Dauer: 1 Tag, ca. 65 km
Praktische Hinweise:
- Um alle Aussichtspunkte an der Küste zu erreichen, braucht man

ein Auto. Aber auch die kurze Zugfahrt von Théoule nach St-Raphaël hat ihren Reiz, da sie ebenfalls der Küstenlinie folgt.
- Kreuzgang, Amphitheater und Cocteau-Kapelle in Fréjus sind montags geschlossen.

Tour-Start:

Als Eingangstor zum Massif de l'Esterel kann der Badeort **Théoule-sur-Mer 2** › S. 124 gelten, in dem es weniger hektisch zugeht als in Cannes. Die Schönheit der schroffen Felsenküste erschließt sich auf

Kreuzfahrtschiffe und Jachten vor St-Tropez

der Fahrt über die Küstenstraße **Corniche de l'Esterel** › S. 125, auch Corniche d'Or genannt. Kurz vor Anthéor führt die parallel verlaufende Eisenbahnstrecke über einen sehenswerten Viadukt aus gemauerten Bögen, der sich ganz dicht an den Sandstrand vorschiebt. Die Bucht von **Agay** **3** › S. 125 gilt als Taucherparadies. Am **Cap du Dramont** lohnt es sich, das Auto und die Straße zu verlassen und auf einem etwa 4 km langen Rundweg um die Signalstation des Kaps zu wandern. Fantastische Ausblicke aufs Meer und das Gefühl, die Zivilisation für eine kurze Zeit hinter sich gelassen zu haben, sind garantiert. Nur wenige Kilometer weiter beginnt wieder die dichte Bebauung am Rand der Küstenstadt **St-Raphaël** **4** › S. 125. Als Abwechslung zur Naturkulisse des Esterel-Massivs kann die Erkundung des Hafens von St-Raphaël dienen. Wesentlich bedeutendere Bauten hat das benachbarte und schon von den Römern erschlossene **Fréjus** **5** › S. 126 zu bieten. Im Kathedralkomplex ist mit dem Baptisterium aus dem 5. Jh. einer der ältesten Sakralbauten Südfrankreichs zu bestaunen.

Über die DN 7 lässt sich das Esterel-Massiv jetzt im Norden umfahren. Die Bergstrecke wurde einst von dichten Korkeichenwäldern gesäumt, die aber leider den vielen Waldbränden zum Opfer fielen und sich heute in niedrige Macchia verwandelt haben. In **La Napoule** **1** › S. 123 kurz vor Cannes ist wieder die Küste erreicht. Bis an den feinen Sandstrand schieben sich die imposanten Überreste der von Zypressen umstandenen alten Burg des 14. Jhs.

Durchs Massif des Maures

Route: Fréjus › La Garde-Freinet › Grimaud › Collobrières › Bormes-les-Mimosas

Karte: Seite 121
Dauer: 1 Tag, ca. 100 km
Praktische Hinweise:
- Diese Tour durch das bergige Mauren-Massiv erfordert ein Auto.
- An den letzten drei Sonntagen im Oktober findet in Collobrières das Kastanienfest statt.
- Im Februar blühen in Bormes-les-Mimosas die Mimosen.

Tour-Start:

In der Ebene von **Fréjus** **5** › S. 126 kündigt sich das Massif des Maures schon deutlich im Westen an. Doch zunächst führt die Strecke am Meer entlang und an den schönen Stränden des Badeorts Les Issambres vorbei. Bei Ste-Maxime zweigt die D 25 und kurze Zeit später die D 74 nach Plan-de-la-Tour ins Mauren-Massiv ab. **La Garde-Freinet** **9** › S. 129, einst bekannt für seine Korkprodukte, ist ein Bilderbuchdorf mit farbenfroh im Blumenschmuck herausgeputzten Gassen. Von hier ist es nicht mehr weit nach **Grimaud** **8** › S. 129, ein ebenfalls durch mittelalterliches Flair bestechendes Bergdorf – mit einer beeindruckenden Zahl von Immobilienmaklern. Hierhin flieht, wer das Meer nicht direkt vor der Tür seines Feriensitzes braucht.

Einsam wird es dann auf der engen und kurvenreichen D 14 in Richtung **Collobrières** 13 › S. 133, der »Hauptstadt« des bewaldeten Massif des Maures. Die Straße beschert immer wieder Ausblicke zurück auf die Halbinsel von St-Tropez und das Meer. In Collobrières versteht man es, die vielen Kastanien zu unwiderstehlich guten Süßigkeiten zu verarbeiten.

Über den Col de Babaou (414 m) nähert man sich wieder der Küste, die regelmäßig am Horizont auf-

Unterwegs in den Küstengebirgen

Tour 10 **Ums Massif de l'Esterel**

Théoule-sur-Mer › Corniche de l'Esterel › Agay › Cap du Dramont › St-Raphaël › Fréjus › La Napoule

Tour 11 **Durchs Massif des Maures**

Fréjus › La Garde-Freinet › Grimaud › Collobrières › Bormes-les-Mimosas

Tour 12 **St-Tropez und seine Halbinsel**

Fréjus › Port Grimaud › St-Tropez › Ramatuelle › Gassin › St-Tropez

Tour 13 **Hyères und seine Inseln**

St-Tropez › Cavalaire-sur-Mer › Le Lavandou › Île de Porquerolles › Île de Port-Cros › Hyères

taucht. Den Abzweig nach **Bormes-les-Mimosas** 15 › S. 135 gilt es nicht zu verpassen. Der kleine, am Hang gelegene Ort unweit der Küste ist nicht nur zur Mimosenblüte im Februar sehenswert.

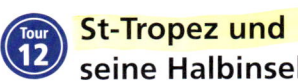

St-Tropez und seine Halbinsel

Route: Fréjus › Port Grimaud › St-Tropez › Ramatuelle › Gassin › St-Tropez

Karte: Seite 121
Dauer: 2 Tage, ca. 70 km.
Praktische Hinweise:
- Um auch die Strände auf der Halbinsel von St-Tropez erreichen zu können, braucht man ein Auto. Die Gesellschaft Varlib unterhält aber auch brauchbare Busverbindungen (www.varlib.fr, Tel. 09 70 83 03 80).
- Das Musée de l'Annonciade in St-Tropez hat dienstags geschlossen.

Tour-Start:

Von **Fréjus** 5 › S. 126 aus führt die Küstenstraße zum Golf von St-Tropez hinunter. Bald hinter Ste-Maxime taucht der künstlich angelegte Jachthafen **Port Grimaud** 7 › S. 128 auf. Alles wirkt hier gepflegt sauber und äußerst gut bewacht, denn die Besitzer der kleinen Häuser im mediterranen Stil, vor deren Haustüren Boote vertäut sind, wollen unter sich bleiben.

Jetzt ist der Golf von St-Tropez zur Hälfte umrundet und der Weg zu einem der berühmtesten Häfen der Côte d'Azur nicht mehr weit: **St-Tropez** 10 › S. 129 ist sich seit seiner Entdeckung durch den internationalen Jetset Ende der 1950er-Jahre treu geblieben. Jeden Sommer liegen am Kai die luxuriösesten Jachten des Mittelmeers vor Anker. Wer hier ein Hotel mit Blick auf die Parade der Eitelkeiten bezieht, sitzt in der ersten Reihe.

Am nächsten Morgen gehören Badesachen ins Gepäck, um sich an den vielen weißen Sandstränden bei **Ramatuelle** 11 › S. 132 im Süden von St-Tropez in der Sonne räkeln zu können. Den Rückweg nach St-Tropez sollte man über das Dorf **Gassin** 12 › S. 133 wählen, von dem sich ein herrlicher Blick auf den Golf und die gesamte Halbinsel von St-Tropez bietet.

Hyères und seine Inseln

Route: St-Tropez › Cavalaire-sur-mer › Le Lavandou › Hyères › Île de Port-Cros/Île de Porquerolles › Hyères

Karte: Seite 121
Dauer: 2 Tage, ca. 70 km.
Praktische Hinweise:
- Bei dieser Tour könnte man auf das Auto verzichten, denn St-Tropez und Hyères sind gut durch die Varlib-Buslinie 7801 (www.varlib.fr) verbunden.
- Zur den Inseln Port-Cros und Porquerolles setzen Fähren von Le Lavandou und Hyères über.

- Nach Hyères-Port und La Tour Fondue (Ableger der Fähre zur Île de Porquerolles) fährt die Buslinie 67 der Gesellschaft Réseau Mistral.

Tour-Start:

Von **St-Tropez** 10 › **S. 129** aus gibt es zwei Möglichkeiten, nach Südwesten zu steuern. Entweder folgt man der Nebenstraße D 93, die hinter den berühmten Stränden von Pampelonne in Küstennähe nach Süden verläuft, oder man wählt die Hauptstraßen D 98A und D 559 durchs Landesinnere bis zur Bucht von Cavalaire-sur-Mer [E/F5]. Hier lädt ein mehrere Kilometer langer feiner Sandstrand zu einem Halt ein. Gleich hinter Cavalaire präsentiert sich die Küstenstraße Corniche des Maures als eine der schönsten Panoramastrecken der Côte d'Azur. Einsam wird es an der Pointe de la Chappe. Hier sollte man einen Moment aussteigen und auf den Klippen die frische Brise genießen. Im Westen taucht eine weitere Landzunge auf, das Cap Nègre, wo die Familie der ehemaligen Präsidentengattin Carla Bruni ein versteckt gelegenes Domizil besitzt. Nur wenige Kilometer sind es bis **Le Lavandou** 14 › **S. 134**, einem attraktiven, aber im Sommer überlaufenen Badeort, der über nicht weniger als zwölf Strände verfügt. Es besteht die Möglichkeit, von hier die 1963 zum Naturpark erklärte Île de Port-Cros mit dem Schiff anzusteuern. Doch besser fährt man zunächst weiter bis **Hyères** 16 › **S. 136** und nimmt sich dort ein Hotel. Vor allem die kleine Altstadt von Hyères mit ihren vielen Lokalen und Bars entpuppt sich als ideales Etappenziel.

Am nächsten Morgen steht man dann vor der Qual der Wahl. Entweder man bricht von Hyères-Port zur **Île de Port-Cros** 18 › **S. 137** auf oder vom weiter südlich gelegenen La Tour Fondue zur **Île de Porquerolles** 19 › **S. 137**. Beide Inseln sind Paradiese für Naturfreunde, Wanderer und Taucher › **Specials S. 30** und **S. 116**. Es gibt nur wenige Unterkünfte auf den Inseln, daher ist es ratsam, abends nach Hyères zurückzukehren.

Unterwegs in den Küstengebirgen

La Napoule 1 [G3]

Für die Attraktion des Badeorts unweit von Cannes sorgte der Millionär und Bildhauer Henry Clews aus den USA: Er kaufte 1919 die mittelalterliche Burgruine, die am Rand des schönen Badestrands aufragt, renovierte sie und stellte seine Arbeiten darin aus.

Die Inschrift über dem Eingang »Once upon a time«, mit der Märchen stets beginnen, lässt erahnen, was Clews und seine Frau dazu bewog, ihr Geld in eine baufällige Ruine zu stecken: Vor der Traumkulisse eines romantisch verklärten Mittelalters sollten die Skulpturen Clews zur Geltung gebracht werden (www.chateau-lanapoule.com, Febr. bis Nov. tgl. 10–18 Uhr, Nov.–Febr. Sa/So und in dem Schulferien 10 bis 17, Mo–Fr 14–17 Uhr).

La Napoule geht beinahe nahtlos in den Ort **Mandelieu** über. Dieser ist als die Hauptstadt der Mimosen bekannt, zu deren Ehren im Februar ein großes Fest gefeiert wird.

Info

Office de Tourisme
- 806, ave. de Cannes
  06210 Mandelieu-La Napoule
  Tel. 04 93 93 64 64
  www.ot-mandelieu.fr

Hotels

Ermitage du Riou €€€
Vornehmes Hotel in Strandnähe mit ausgezeichnetem Restaurant.
- 26, ave. Henry Clews | La Napoule
  Tel. 04 93 49 95 56
  www.ermitage-du-riou.fr

La Calanque €
Ideal gelegenes, einfaches Hotel mit sympathischem Restaurant.
- 404, ave. Henry Clews | La Napoule
  Tel. 04 93 49 95 11
  www.hotel-restaurant-lacalanque.fr

Restaurants

L'Oasis €€€
Stilvolles Ambiente, die Küche wurde vom Guide Michelin mit zwei Sternen ausgezeichnet.
- 6, rue Jean-Honoré Carle | La Napoule
  Tel. 04 93 49 95 52
  www.oasis-raimbault.com

La Voile Bleue du Bistrot du Port €€
Das Restaurant, bekannt für seine Fischgerichte, ist eine Institution am Hafen
- 4, ave. Henry Clews (Hafenfront)
  Tel. 04 93 49 80 60

Théoule-sur-Mer **2** [G3/4]

Théoule gehörte lange zu Mandelieu und wurde erst im 20. Jh. eine eigenständige Gemeinde. In seinen Jachthäfen, an den langen Sandstränden und im bewaldeten Hinterland fühlt sich auch die Prominenz wohl. Pierre Cardin besitzt hier auf den Anhöhen mit dem **Palais Bulles** (33, Boulevard de l'Esterel) eine extravagante Zweitresidenz, in der im Juli und August nächtliche Festivals stattfinden. Von weitem erscheint der »Blasen-Palast«, benannt nach seinen großen Bullaugen-Fenstern, die sich in eine kugelige Architektur der 1970er-Jahre einpassen, wie ein Objekt von einem anderen Stern.

Info

Office de Tourisme
- 2, bd. de la Corniche d'Or
  06590 Théoule-sur-Mer
  Tel. 04 93 49 28 28
  www.theoule-sur-mer.org

Hotels

La Tour de l'Esquillon €€€
Charmantes Hotel mit Restaurant, üppigem Garten und privatem Strand.
- Place Vert Bisson | Théoule-sur-Mer
  Tel. 04 93 75 41 51
  www.esquillon.com

Pierre Cardins Palais Bulles über Théoule-sur-Mer

Le Patio €€

Kleines, ordentliches Haus mit etwas angejahrtem Charme.

• 48, ave de Miramar | Théoule-sur-Mer
  Tel. 04 93 75 00 23 | www.lepatio.fr

Restaurant

Chez Philippe €€

Fischrestaurant direkt am Hafen von Théoule mit sehr engagiertem Chefkoch.

• Port de Théoule-sur-Mer
  Tel. 04 93 49 87 13
  www.restaurantchezphilippe.com

Corniche de l'Esterel ⭐ [F/G4]

Die Redensart *passer le pas de l'Esterel* war lange kein Grund zur Vorfreude auf einen reizvollen Ausflug, sondern stand für eine anstrengende Reise durch das zerklüftete **Massif de l'Esterel**. Auf der Corniche (D 6098, D 559) ist es heute einfacher, die imposante Bergwelt während der Fahrt zu genießen: Tiefe Schluchten, rote Felsen aus Vulkangestein, Pinien-, Kiefern-

und Kastanienwälder. Einige Wanderwege führen zu Aussichtspunkten, etwa der **Pointe de Maubois** bei Le Trayas. Viele kleine Buchten unterbrechen die Felsküste, die sich bis hin nach Fréjus/St-Raphaël zieht. In der größten, hufeisenförmigen Bucht liegt der Badeort **Agay** 3 [G4] mit schönem Sandstrand. Wenige Kilometer weiter westlich schiebt sich das fast unberührte **Cap du Dramont** ins Meer hinaus. Am **Sémaphore**, der Signalanlage, die an diesem schroffen, unbebauten Küstenabschnitt thront, bietet sich ein herrlicher Blick auf die roten Felsen aus Porphyr. Im Nordwesten schlägt die DN 7 (im Osten D 6007), vorbei am Mont Vinaigre, einen Bogen um das Massif de l'Esterel.

St-Raphaël 4 [F4]

Das ehemalige Fischerdorf ist recht schnell besichtigt – St-Raphaël (ca. 35 000 Einw.) konnte schon in der Vergangenheit nicht mit dem Nachbarn Fréjus konkurrieren, mit dem es jetzt zusammengewachsen ist.

Im historischen Zentrum ist die romanische **Templerkirche** aus dem 12. Jh. für Kunstfreunde von Interesse. Die Tempelritter nutzten den romanische Sakralbau als Wehrkirche. Bei Sarazenen- und Piratenüberfällen suchte die Bevölkerung hinter ihren Mauern Schutz. Ansonsten laden die Sandstrände der Umgebung zum Baden ein.

Wer in St-Raphaël ist und auch nach St-Tropez möchte, hat als Alternative zu der vor allem im Sommer heillos überfüllten Küstenstraße die Möglichkeit, mit dem Schiff dorthin zu fahren. Die etwa einstündige Überfahrt ist zudem sehr reizvoll (Infos: www.bateauxsaintraphael.com).

Fréjus ▣ [F4]

Die Stadt (53 000 Einw.) gehört zu den preisgünstigeren Urlaubsdestinationen dieses Küstenstrichs. Gibt es im alten Ortsteil von Fréjus noch einige kunsthistorische bemerkenswerte Sehenswürdigkeiten, so besteht die Liegestuhlhochburg Fréjus-Plage in erster Linie aus Hotelkomplexen, Appartementblocks und einem rund 2 km langen feinsandigen Strand. Alle, die zu klaustrophobischen Anfällen neigen, sollten diese Ecke vor allem im Hochsommer meiden! Als Ausgangspunkt für Entdeckungsreisen in den westlichen Teil der Côte d'Azur bietet sich Fréjus jedoch an.

Zentrum der kleinen, quirligen Altstadt ist der Kathedralbezirk, die **Groupe Episcopale,** die aus der zweischiffigen Cathédrale St-Léonce im frühgotischen Stil, dem Baptisterium und einem archäologischen Museum besteht. Der ursprünglich zweistöckige, mehr als 700 Jahre alte Kreuzgang mit seiner bemalten Holzdecke ist eine Oase der Stille. Alle Gebäude sind miteinander verbunden. Auch das **Baptistère** (4. Jh.) ist ein herausragendes Baudenkmal des frühen Mittelalters in Frankreich. Acht Granitsäulen mit korinthischen Marmorkapitellen tragen die Kuppel des achteckigen Raums. Wie die anderen Marmor-Schmuckelemente stammen sie vom römischen Forum. Die Kassettendecke wurde im 14. Jh. mit Szenen aus der Apokalypse bemalt (48, rue du Cardinal de Fréjus, Tel. 04 94 51 26 30, Juni–Sept. tgl. 10–12.30 und 13.45 bis 18.30, sonst tgl. außer Mo 10–13, 14–17 Uhr).

An der Place Calvini zeigt das **Musée Archéologique** Funde aus römischer Zeit.

Rathaus und Marktplatz an der **Place J. C. Formigé** bilden den Kern der historischen Altstadt. Wo heute der Bürgermeister seinen Amtsgeschäften nachgeht, residierte in einem Palast aus dem 14. Jh. einst der Bischof.

Die Überreste des halbrunden **Théâtre Romain** an der Rue du Théâtre Romain gehen vermutlich auf das 1. Jh. n. Chr. zurück. Über den **Aquädukt** bekam Fréjus aus dem Esterel-Gebirge sein Wasser. Von der in der Antike fast 40 km langen oberirdischen Leitung zeugen jedoch nur noch recht dürftige Fundamentreste etwas nordöstlich des Theaters.

Im zu Beginn des 2. Jhs. errichteten **Amphithéâtre,** 114 m lang und 83 m breit, fanden auf den Steinsitzen in 16 Reihen ca. 10 000 Zuschauer Platz. Heute werden hier u. a. Theaterstücke und Konzerte aufgeführt (Rue H. Vadon).

Etwas außerhalb kann man im Ortsteil La Tour de Mare die hochinteressante, von Jean Cocteau ausgemalte Kapelle **Notre-Dame de Jérusalem** besichtigen (Ave. Nicolaï, Tel. 04 94 53 27 06, tgl. außer Mo 9.30–12.30, 14–18 Uhr, Okt.–März bis 16.30 Uhr).

Ebenfall nördlich der Stadt liegen zwei kuriose Baudenkmäler, die in der südfranzösischen Landschaft exotisch erscheinen. Im Ersten Weltkrieg setzte Frankreich zur Sicherung der Küste u. a. vietnamesische Soldaten ein, die mit der buddhistischen Pagode **Hông Hiên** eine Erinnerung an den Fernen Osten hinterließen (Rue Henri-Giraud, im Sommer 10–21, im Winter 9 bis 18 Uhr). Nur von außen zu besichtigen ist die **Mosquée Missiri de Djenné,** die westafrikanische Soldaten in den 1920er-Jahren errichteten (Route des Combattants d'Afrique du Nord). Als Vorbild diente die Moschee von Djenné im westafrikanischen Staat Mali.

Info

Office de Tourisme

Hier erhält man den Pass intégral des monuments historiques für 6,60 €. Er bietet an sieben aufeinanderfolgenden Tagen freien Eintritt u. a. zum Musée Archéologique, Amphithéâtre, Théâtre Romain und zur Cocteau-Kapelle.

• 249, rue Jean Jaurès | 83600 Frejus
  Tel. 04 94 51 83 83
  www.frejus.fr

Hotels

L'Aréna €€–€€€

Sympathisches Hotel im provenzalischen Stil mit Pool, Garten und Restaurant in der Stadtmitte.

Im Garten der buddhistischen Pagode Hông Hiên bei Fréjus

- 139–145, rue Général de Gaulle
  Frejus | Tel. 04 94 17 09 40
  www.arena-hotel.com

Hotel Oasis €
Einfaches, aber freundliches Hotel mit
farbenfrohen Zimmern in Strandnähe.
- Impasse Jean Baptiste Charcot
  Frejus | Tel. 04 94 51 50 44
  www.hotel-oasis.net

Restaurants
L'Amandier €€€
Gehobene Küche mit sehr guten traditionellen Fisch- und Fleischgerichten.
- 19, rue Marc-Antoine Desaugiers
  Frejus | Tel. 04 94 53 48 77

L'Abri-Côtier €
Restaurant mit Terrasse direkt am Kai
von Fréjus-Plage, mit nicht allzu großer
Auswahl an Fischgerichten.
- Quai Marc Antoine | Frejus
  Tel. 04 94 51 11 33
  www.labri-cotier.com

Am Strand von Ste-Maxime

Ste-Maxime 6 [F4]

Aus dem ehemals mondänen
Seebad im Osten des Golfs von St-
Tropez ist heute ein beliebter,
weniger exklusiver und darum
etwas preisgünstigerer Familien-
badeort mit weitläufigen Sandstränden, Promenade, Jachthafen und
einem Spielcasino geworden. Einzi-
ger Minuspunkt ist der Durch-
gangsverkehr auf der Küstenstraße.
Dafür kann man etwa alle 15–30
Min. mit dem Boot nach St-Tropez
übersetzen (Les Bateaux Verts, Tel.
04 94 49 29 39, www.bateauxverts.
com, Fahrzeit 15 Min.).

Port Grimaud 7 [F5]

Ein bekanntes Beispiel durchgestyl-
ter Freizeitarchitektur liefert diese
Lagunenstadt. Sie entstand in den
1960er-Jahren auf dem Reißbrett
des Architekten François Spoerry
und ist ein beliebtes Ferienziel von
Bootseignern: Jedes Haus hat einen
eigenen Anlegeplatz; Kanäle verbinden die engen Gassen und hübschen Plätze.

Ein herrlicher Panoramablick
über den Golf von St-Tropez bis
zum Massif des Maures im Hintergrund bietet sich vom Turm der
Kirche St-François-d'Assise, deren
Fenster der Künstler Victor Vasarély
gestaltet hat.

Tagesbesucher können die künst-
lichen Wasserstraßen im Rahmen
von Bootsrundfahrten erkunden.
Neben der Kirche sind Elektroboote
zu mieten (Les Coches d'Eau, Tel.
06 73 87 76 84, 15.2.–15.11.).

Grimaud 8 [E5]

Seit der künstlich angelegte Jachthafen Port Grimaud existiert, scheint das malerisch im Hinterland gelegene Grimaud aus dem Bewusstsein der Urlauber verdrängt worden zu sein. Zu Unrecht, wie man schnell feststellt, wenn man durch die Gassen von Grimaud schlendert. Eine romanische Kirche und die Ruinenromantik einer verfallenen Burg lassen erahnen, wie wehrhaft dieser Ort einst gewesen sein muss. Die Einheimischen haben sich mittlerweile daran gewöhnt, dass ihr Dorf zu einem begehrten Zweitwohnsitz von Liebhabern der Côte d'Azur geworden ist, die hier dennoch das Hinterland der Küste vorziehen.

Info

Office de Tourisme
• 679, route Nationale | 83310 Grimaud
  Tel. 04 94 55 43 83
  www.grimaud-provence.com

Hotels

La Pierrerie €€
Etwas außerhalb in einem alten provenzalischen Bauernhaus *(mas)* eingerichtetes Hotel, großer Pool.
• RD 61 | 1714, Route de Saint-Tropez
  Grimaud | Tel. 04 94 43 24 60
  www.lapierrerie.com

Le Suffren €€
Provenzalisch eingerichtete Zimmer mit Blick auf die Segler im Hafen von Port Grimaud.
• 16, place du Marché | Grimaud
  Tel. 04 94 55 15 05
  www.hotel-suffren.com

Restaurants

Le Cafe de France €€
Unprätentiöses Restaurant mit Terrasse im Altstadtkern von Grimaud.
• 5, place Neuve | Grimaud
  Tel. 04 94 43 20 05

Le Murier €€
Gediegenes Restaurant mit großer Terrasse und abwechslungsreichem Menü. (So abends und Mo geschl., im Juli und August nur abends geöffnet)
• 77, Route de Sainte Maxime (D14)
  Grimaud | Tel. 04 94 56 31 62
  www.restaurant-lemurier.fr

La Garde-Freinet 9 [E4]

Der Ort ist eine erstklassige Adresse für Liebhaber der kandierten Kastanien, *marons glacés*, die hier in Hülle und Fülle angeboten werden.

Im 10. Jh. war Garde-Freinet Stützpunkt der Sarazenen. Eine kleine Fußgängerzone erschließt die engen Gassen der Altstadt bis zum Place du Marché. Hier stellt die alte Fischmarkthalle einen Blickfang dar.

St-Tropez 10 ⭐ [F5]

Noch immer lockt das quirlige und nach wie vor überteuerte St-Tropez (5640 Einw.), überragt von seiner Burg, **La Citadelle.** Im Sommer ergründen Flaneure von der Mole aus, wem jene häufig auf den Cayman Islands registrierten Nobeljachten gehören, auf denen sich Bikinischönheiten mit einem Glas

Champagner in der Hand räkeln. Außerhalb der Saison, wenn die großen Jachten nicht mehr anlegen, ist St-Tropez wieder ein idyllisches Fischerdörfchen mit engen Gassen, stillen Plätzen und einem malerischen Hafen. **50 Dinge** ⑥ › **S. 12.**

Es war der erfolgreiche Film »Und ewig lockt das Weib«, den Roger Vadim vor über 50 Jahren mit der jungen Brigitte Bardot am Hafen drehte, der aus dem stillen St-Tropez einen Treffpunkt des Jetsets machte. Aber schon Jahrzehnte zuvor waren bedeutende Maler wie Signac, Seurat, Braque oder Matisse den Lockungen des Fischerorts gefolgt und hatten sich hier niedergelassen. Auch Künstler und Literaten aus Paris, von Edith Piaf bis Jean-Paul Sartre, fühlten sich hier wohl.

St-Tropez sollte man am besten zu Fuß besichtigen und daher das Auto auf einem der großen Parkplätze vor der Altstadt abstellen.

Der Weg zum Hafen führt am **Musée de l'Annonciade** vorbei, das in der früheren Hafenkapelle untergebracht ist. Der Industrielle Georges Grammont hatte sie 1950 gekauft und darin eine Sammlung mit etwa 100 Werken von Künstlern wie Matisse, Braque, Seurat und Signac eingerichtet. Die meisten Arbeiten entstanden zwischen 1890 und 1940 in St-Tropez (Tel. 04 94 17 84 10; 10–13, 14–18 Uhr, Di und im Nov. geschl.).

Auf dem Hügel im Osten der Stadt steht die Burg. Ihr sechseckiger Wohnturm beherbergt das **Musée de la Citadelle.** Neben der Besichtigung der Schiffsmodelle und der Exponate zur Landung der Alliierten im August 1944 lohnt der Blick von der Terrasse (tgl. 10 bis 18.30, Okt.–März bis 17.30 Uhr).

Info

Office de Tourisme
• Quai Jean-Jaurès | 83990 St-Tropez
 Tel. 08 92 68 48 28
 www.sainttropeztourisme.com

Hotels

Byblos €€€
Das wie ein mediterranes Dorf gestaltete Byblos mit seinem exklusiven Nacht-

Bravade von St-Tropez

Zur Regierungszeit des römischen Kaisers Nero trat der Offizier Torpes (Tropez) zum Christentum über, weshalb er im Jahr 68 enthauptet und sein Leichnam in einem Kahn ausgesetzt wurde. Dieses Boot strandete dort – so die Legende –, wo heute St-Tropez liegt. So kam der Ort zu seinem Namen, seinem Schutzheiligen und einem Fest: Seit 400 Jahren wird zu Ehren des römischen Offiziers alljährlich vom 16. bis 18. Mai die Bravade gefeiert, eines der malerischsten Feste der Côte d'Azur. Dabei tragen Männer in napoleonischen Uniformen in einem feierlichen Umzug die vergoldete Holzfigur des hl. Tropez durch die Stadt. Ein Höhepunkt der Veranstaltung sind die Musketensalven, die aus alten Feuerrohren abgeschossen werden.

Der Jachthafen von St-Tropez

klub zählt zu den Top-Hoteladressen der
Côte d'Azur. Mitte Okt.–April geschl.
• Ave. Paul Signac | St-Tropez
  Tel. 04 94 56 68 00 | www.byblos.com

La Ponche €€€
Romy Schneider stieg gern in diesem
Hotel im Provence-Stil mitten in der Stadt
ab. 15 Zimmer, einige mit Meerblick.
• 5, rue des Remparts | St-Tropez
  Tel. 04 94 97 02 53
  www.laponche.com

Bastide du Port €€€
Kleineres Hotel mit 27 klimatisierten,
freundlichen Zimmern, nur 30 m vom
Meer entfernt.
• Port du Pilon | St-Tropez
  Tel. 04 94 97 87 95
   www.bastideduport.com

Hôtel Ermitage €€€
Schickes Hotel mit Restaurantterrasse in
einer **!** Villa aus dem 19. Jh., überwiegend im Stil der 1950er-Jahre farbenfroh
eingerichtet, teilweise Designermöbel.

• 14, ave. Paul Signac | St-Tropez
  Tel. 04 94 81 08 10
  www.ermitagehotel.fr

Lou Cagnard €€
Etwas altmodische, aber sympathische
Zimmer in einem charmanten Provence-
Haus. Im Garten steht ein 100-jähriger
Feigenbaum.
• 18, ave. Paul Roussel | St-Tropez
  Tel. 04 94 97 04 24
  www.hotel-lou-cagnard.com

Restaurants
Le Girelier €€€
! Sehr gute Fischgerichte in stilvollem
Ambiente.
• Quai Jean Jaurès | St-Tropez
  Tel. 04 94 97 03 87 | www.legirelier.fr

Grenadine €€–€€€
Die (immer frischen) Fischspezialitäten
werden hier auch auf der kleinen Terrasse serviert.
• 15, rue de la Citadelle | St-Tropez
  Tel. 04 94 97 23 30

Le Bistro des Lices €€
Angenehmes Bistro-Ambiente abseits
des Hafentrubels.
• 5, place Carnot | St-Tropez
Tel. 04 94 97 11 33
www.bistrodeslices.fr

Le Sénéquier €€
Leuchtend rot fällt die Brasserie sofort
ins Auge. Hier gibt es den besten Blick
auf die Luxusjachten und die prominente Stammkundschaft.
• Quai Jean Jaurès | St-Tropez
Tel. 04 94 97 20 20
www.senequier.com

La Part des Anges €
Kleines Bistro in der Altstadt mit fanta-
sievoller provenzalischer Küche.
• 6, rue de l'Eglise | St-Tropez
Tel. 04 94 96 19 50

Shopping
La Tarte Tropézienne
Es soll die blutjunge Brigitte Bardot gewesen sein, die 1955 bei Dreharbeiten
dem jungen Konditor Alexandre Micka

riet, einen mit Creme gefüllten Kuchen
tarte tropézienne zu nennen. **50 Dinge**
⑯ › S. 14. Heute gibt's hier noch viel
mehr Kulinarisches zu kaufen.
6.30 (!) bis 19 Uhr
• Place des Lices | St-Tropez
www.latartetropezienne.fr

Rondini
Wer exakte Kopien der Sandaletten
sucht, die Brigitte Bardot trug, ist hier
genau richtig. **50 Dinge** ㊱ › S. 16.
• 18, rue Clémenceau | St-Tropez

Di und Sa ist von 8–13 Uhr ❗ Markt
auf der Place des Lices. Im Angebot sind
Stoffe, Gewürze und Antiquitäten.

Schicke Designer-Couture hängt in den
Boutiquen der **Place de la Garonne.**

Nightlife
Les Caves du Roy
Staraufkommen garantiert: Der Klub ist
legendär mit seinen ❗ Lichtskulpturen
in Palmenform – und seinem DJ Jack-E.
Okt.–Mitte April geschl.
• Im Hotel Byblos › S. 130
www.lescavesduroy.com

Ramatuelle ⑪ [F5]

Durch die engen Gassen des kleinen
Bergdorfs schieben sich während
der Hochsaison Massen von Tages-
touristen. Ramatuelle steht seit 1959
unter Denkmalschutz und muss zu
Fuß erkundet werden.

Mittelpunkt ist die **Place de
l'Ormeau.** Die noch weitgehend in-
takten Stadtmauern erzählen von
der bewegten Vergangenheit: 892
wurde Ramatuelle von den Saraze-

Leckerbissen: Tarte Tropézienne

nen besetzt, 1592 fast vollständig zerstört. Ende Juli/Anfang August lockt das **Festival de Ramatuelle** mit Musik, Theater und Varieté (www. festivalderamatuelle.com).

Die Strände unterhalb des Dorfs, etwa der ❗ Plage de Pampelonne, sind legendär.

Info

Office de Tourisme
- Pl. de l'Ormeau
  83350 Ramatuelle
  Tel. 04 98 12 64 00
  www.ramatuelle-tourisme.com

Gassin 12 [F5]

Der kleine Ort ist der Panoramabalkon der Halbinsel von St-Tropez. Das *Village perché* liegt auf der Anhöhe und bietet grandiose Aussichten bis hinunter zur nahen Küste, aber auch auf das Massif des Maures.

Nach einem Strandtag bietet sich Gassin als ideales Ziel für einen Bummel an. Im Hochsommer ist man daher nachmittags sicher nicht alleine auf der kleinen Place des Barris oder der lang gestreckten Place des Sarrazines, deren Name an die Einfälle der Sarazenen im frühen Mittelalter erinnert.

Shopping

Maison des confitures
Hier gibt es 400 Sorten Konfitüren wie Aprikose mit Champagner, Zitrone mit Thymian oder Feige mit Ingwer. Mo–Sa 9.30–20, So 10–13 und 17–20 Uhr.
- Route du Bourrian
  83580 Gassin

Collobrières 13 [E5]

Im verschlafenen Hauptort des Massif des Maures präsentiert sich alles noch wie anno dazumal: holprige Gassen, eine Steinbrücke aus dem 12. Jh. über den Dorfbach und

❗ Erstklassig

Angesagte Strände der Côte d'Azur

- **Plage de la Bocca** in Cannes, am Boulevard Louise Moreau. 3 km Sandstrand mit herrlichem Ausblick aufs Esterel-Massiv, noch dazu kostenfrei!
- **Bijou Plage** in Cannes, an der Croisette beim Port Canto. Diskret gelegener Privatstrand, schick, aber kostspielig.
- **Coconut's Beach** am Port de la Rague zwischen Mandelieu und Théoule-sur-Mer. Kleiner, von den Felsen geschützter Strand mit Strandmattenverleih und Snack.
- **Plage des Canebiers** östlich von St-Tropez. Ruhigerer Strand mit eingen wenigen Schatten spendenden Bäumen, beliebt bei Familien (erreichbar über die Route des Salins).
- **Plage des Salins** bei St-Tropez. Etwas rauerer, aber ruhiger kleiner Strand im Norden der Bucht von Pampelonne.
- **Plage de Pampelonne** bei Ramatuelle. Lang und feinsandig, aber leider kostspielig. Ein Tummelplatz des Jetsets und in gewisser Weise eine Legende.

Badestrand in Le Lavandou

die verwitterte Kirche – ein schöner Kontrast zur schnelllebigen Küste.

Spezialität des Ortes sind die Maronen, die hier schon im Mittelalter von Mönchen verarbeitet wurden und glasiert oder in anderen Varianten probiert werden können.

Info
Office du Tourisme
- Bd. Ch. Caminat | 83610 Collobrières
  Tel. 04 94 48 08 00
  www.collobrieres-tourisme.com

Hotels
Un Air de rien €€
2 Gästezimmer in einem eleganten Stadthaus, im Erdgeschoss mit Weinbar, wo es auch Tapas gibt. Mind. 2 Nächte.
- 3, place de la Libération | Collobrières
  Tel. 04 94 28 17 73
  www.unairderien.com

Hôtel Notre Dame €€
❗ Das alte Grand Hotel des Ortes ist ein Designhotel geworden. Extravagante Interieurs zu bezahlbaren Preisen.
- 15, ave. de la Libération

Collobrières | Tel. 04 94 48 07 13
www.hotel-notre-dame.eu

Restaurants
La Petite Fontaine €–€€
Authentische provenzalische Küche vom Feinsten. So abends und Mo geschl.
- Place de la République | Collobrières
  Tel. 04 94 48 00 12

La Terrasse Provençale €
Schöne große Terrasse mit regionaler Küche. Di abends und Mi geschl.
- Place de la République | Collobrières
  Tel. 04 94 28 19 57

Shopping
Confiserie Azuréenne
Hier gibt es Maronen in allen Variationen: süß und glasiert, alkoholisiert, als Püree oder Eis … köstlich, aber nicht billig. **50 Dinge** ⑭ › **S. 14.**
9.30–12.30, 14–18.30 Uhr
- Bd. Gén. Koenig | Collobrières
  Tel. 04 94 48 07 20
  www.confiserieazureenne.com

Le Lavandou ⏸14⏸ [E5]

Der Ort verdankt seinen Namen nicht etwa Lavendelfeldern, sondern Waschhäusern (frz. *laver*: waschen), die es hier in großer Anzahl gegeben haben soll. Um den alten Ortskern sind Appartementkomplexe entstanden, in denen nur in den Ferien die Jalousien hochgehen. Dann wird es eng in Le Lavandou, doch die schöne Strandpromenade ist breit genug für den Ansturm der Urlauber. Von Le Lavandou aus kann man Ausflüge zu den Îles d'Hyères › **S. 137** machen.

Info
Office de Tourisme
- Quai Gabriel Péri
  83980 Le Lavandou
  Tel. 04 94 00 40 50
  www.ot-lelavandou.fr

Restaurant
La Favouille €–€€
Familiäres Traditionsbistro mit Terrasse an einem winzigen Platz und großer Auswahl auf der Speisekarte. Mo geschl.
- Rue Abbé Helin | Tel. 04 94 71 34 29

Bormes-les-Mimosas 15 [E5]

Blüten prägen das Dorf oberhalb von Le Lavandou: Mehrmals jährlich werden Blumenkorsos abgehalten, denn der Ehrentitel *premier village fleuri de France* verpflichtet. Einen Besuch wert ist vor allem das Mimosenfest (Fête des Mimosas) im Februar. Da der beschauliche Ort außer den Kirchen **St-François-de-Paule** (16. Jh.) und **St-Trophime** (18. Jh.) keine nennenswerten Sehenswürdigkeiten besitzt, kann man in den schmalen Gassen noch relativ ungestört bummeln.

Auf dem Reißbrett entstand mit **Port de Bormes** an der Küste ein moderner Badeort, der alle Wassersportmöglichkeiten bietet.

Info
Office de Tourisme
- 1, place Gambetta
  83230 Bormes-les-Mimosas
  Tel. 04 94 01 38 38
  www.bormeslesmimosas.com

Hotels
Hostellerie du Cigalou €€–€€€
⚠ Sehr geschmackvoll gestaltetes Hotel in der Altstadt mit schönem Ausblick.
- Pl. Gambetta | Bormes-les-Mimosas
  Tel. 04 94 41 51 27
  www.hostellerieducigalou.com

Le Bellevue €
Preisgünstiges Hotel mit großem Restaurant und überdachter Terrasse.
- Pl. Gambetta | Bormes-les-Mimosas
  Tel. 04 94 71 15 15
  www.bellevuebormes.com

Restaurants
La Rastègue €€€
Sternekoch Jérôme Masson steht für innovative Küche. März–Okt. Mo geschl.
- 48, bd. du Levant | Bormes-les-Mimosas
  Tel. 04 94 15 19 41
  www.larastegue.com

La Fleur de Thym €€
Provenzalische Kochkunst unter einem alten Gewölbe. Mo geschl.
- 2, rue Toesca | Bormes-les-Mimosas
  Tel. 04 94 71 42 72
  www.lafleurdethym83.com

La Tonnelle €–€€
Sehr gute Küche, serviert in etwas überladenem Ambiente. Mo/Di geschl.
- 23, pl. Gambetta | Bormes-les-Mimosas
  Tel. 04 94 71 34 84
  www.la-tonnelle-bormes.com

Hyères 16 [D5]

Es war der Blick aufs blitzblaue Meer vor Hyères (55 000 Einw.), der dem Autor Stephen Liégeard vor über 100 Jahren den namengebenden Ausruf »Côte d'Azur« entlockte. Inzwischen hat sich Hyères zu einem häufig überlaufenen Urlaubsziel entwickelt. Lediglich die Altstadt ist unbedingt einen Besuch wert. Hyères-Plage ist hingegen eine Touristenhochburg mit überfüllten Stränden, die allerdings Surfern gute Bedingungen bietet.

Schon Anfang des 20. Jhs. warb Hyères mit dem Slogan »Palmenhauptstadt Europas«. Heute werden in drei Baumschulen ca. 100 000 der Exoten gezüchtet. Prächtige Exemplare kann man im 6,5 ha großen **Jardin Olbius-Riquier** bewundern.

Den Bummel durch die Altstadt beginnt man am besten auf der Place Clémenceau. Auf der Place Massillon herrscht vormittags buntes Markttreiben. Die **Chapelle St-Blaise** (12. Jh.) gehörte zur Komturei des Templerordens: Im Hafen von Hyères schifften sich viele Pilger ins Heilige Land ein. Die Rue Ste-Cathérine führt zur **Église St-Paul,** wo sich ein herrlicher Blick auf die Küste bietet. Oberhalb der Altstadt erhebt sich der Burgberg Castéou. Die **Burg** wurde im 17. Jh. auf Anordnung von Ludwig XIII. geschleift; nur Ruinen sind übrig.

Von **Hyères-Port** und dem südlich davon gelegenen **La Tour Fondue** fahren Boote zu den vorgelagerten Inseln Îles d'Hyeres › **S. 137.**

Info

Office de Tourisme
• Rotonde du Park Hôtel
  16, ave. de Belgique | 83400 Hyères
  Tel. 04 94 01 84 50
  www.hyeres-tourisme.com

Hotels

Casino-Hôtel des Palmiers €€–€€€
Sicher das schickste Hotel in Hyères, etwas außerhalb der Altstadt gelegen.
• 1, ave. Ambroise Thomas | Hyères
  Tel. 04 94 12 80 80
  www.hyereshotel.com

Hôtel du Soleil €€
Einfaches Hotel am Rand der Altstadt.
• Rue du rempart | Hyères
  Tel. 04 94 65 16 26
  www.hotel-du-soleil.fr

Hôtel les Orangers €–€€
Kleines Hotel mit schattigem Innenhof.
• 64, ave. des Iles d'Or | Hyères
  Tel. 04 94 00 55 11
  www.hotel-orangers.fr

Restaurants

Chez Anna et Jo €
Ein klassisches Bistro in der Altstadt mit etwas barockem Charme, aber garantiert hausgemachten Speisen.
• 22, rue de Limans | Hyères
  Tel. 04 94 65 31 13

Le Béal €€
Zeitgenössisch gestyltes Restaurant in der Altstadt mit erschwinglichen Menüpreisen. Di/Mi geschl.
• 24, rue de Limans | Hyères
  Tel. 04 94 20 84 98
  http://lebeal.com

Au fil de l'eau €€
Hausgemachtes in einem verstecktem Bistro mit Gewölbe, aber auch einer Terrasse. So/Mo geschl.
• 2, place des Savonniers
  Hyères
  Tel. 04 94 28 69 82

Au Péchè Mignon €
Gute Küche, ausschließlich frische Zutaten. Mo, Di/Do abends und So geschl.
• 7, place de la République | Hyères
Tel. 04 98 04 32 02
www.aupechemignon.jimdo.com

Îles d'Hyères ⭐

Den vielversprechenden Beinamen *Îles d'Or*, goldene Inseln, verdanken die Îles d'Hyères ihrem golden schimmernden Gestein. Sie sind geologisch gesehen eine Verlängerung des Massif des Maures.

Die **Île du Levant** 17 [E6], 8 km lang und ca. 1,2 km breit, ist Nudisten vorbehalten. Hotels und Strände sind FKK-Gebiet, der Rest der Insel gehört der Marine. Das 1931 gegründete Naturistendorf »Héliopolis« liegt versteckt zwischen Palmen, Mimosen und Oleander.

Die **Île de Port-Cros** 18 [E6] steht samt ihrer Unterwasserwelt als Nationalpark unter Schutz. Über die leicht hügelige Insel führen mehrere nach Geschichte und Botanik thematisch gegliederte Parcours. Bei einem Ausflug nach Port-Cros sollte man unbedingt Flossen und Schnorchel mitnehmen, denn unter Wasser wurde ein *sentier sous-marin* angelegt. **50 Dinge** ⑩ › S. 13. Man sieht u. a. Seesterne und mehrere Algenarten (15.6.–15.9., Infos beim Bootsanleger: Maison du Parc, www.portcrosparcnational.fr).

Trotz vieler Tagesausflügler ist die **Île de Porquerolles** 19 [D6], mit 1248 ha die größte der drei Inseln, ein Idyll. Autos dürfen nur die 300 Bewohner benutzen, die Besu-

Paradies für Radfahrer: Île de Porquerolles

cher steigen aufs Fahrrad. **50 Dinge** ⑤ › S. 12. Seit 1971 steht die Insel unter Schutz, um Grundstücksspekulation und Bauboom einen Riegel vorzuschieben. Die schönsten Strände sind Grand Plage, Plage Notre-Dame und Plage d'Argent.

Restaurants gibt es im Ort Porquerolles, und wer mehr über die Insel erfahren möchte, findet in der nagelneuen **Fondation Carmignac** moderne und zeitgenössische Kunst ausgestellt (www.fondation-carmignac.com, Eröffnung Juni 2018).

Fährverbindungen

Zu den Inseln gelangt man u. a. von:
• **Hyères-Port:** Je nach Saison bis zu 4-mal tgl. nach Port-Cros und Levant (Tel. 04 94 57 44 07, www.tlv-tvm.com).
• **La Tour Fondue:** Die meisten Fähren nach Porquerolles; je nach Saison tgl. 6–19 Überfahrten (Tel. 04 94 58 21 81, www.tlv-tvm.com).
• **Le Lavandou:** Tgl. bis zu 7 Verbindungen nach Port-Cros und Levant, in der Hochsaison auch 5-mal tgl. nach Porquerolles (Tel. 04 94 71 01 02, www.vedettesilesdor.fr).

DIE WESTLICHE CÔTE D'AZUR

Kleine Inspiration

- **Bandol-Weine kosten** direkt beim Winzer › S. 143
- **Sich dem Wind entgegenstemmen** hoch oben auf den Steil-
  klippen von Cap Canaille und aufs Meer blicken. › S. 144
- **Eine Bootsfahrt unternehmen** zu den Calanques westlich von
  Cassis › S. 144
- **Eine Soupe de poisson mit Rouille und Croûtons probieren**
  auf einer Restaurantterrasse abends in Cassis › S. 145

Die Küste zwischen Toulon und Cassis hat ihren eigenen Reiz. Oberhalb des Badeorts Bandol werden ausgezeichnete Weine gekeltert, Cassis ist wegen seiner tief in die Felsküste eingeschnittenen Calanques bekannt.

Westlich der Stadt Toulon mit ihrem großen Militärhafen liegt mit Sanary-sur-Mer der Küstenort, der einige Jahre lang von den Nazis verfolgten deutschen Schriftstellern als Exil diente. Heute ist das Seebad etwas ruhiger als der benachbarte Küstenort Bandol, dessen Weinlagen im Hinterland zu den besten der französischen Mittelmeerküste zählen. Die Kulisse des Hafenortes La Ciotat prägen gewaltige Werftanlagen. Am Stadtrand steigt die Panoramastraße Route des Crêtes langsam zu den Steilklippen des Cap Canaille empor. Der westlichste Punkt der Côte d'Azur ist am eleganten Hafenstädtchen Cassis erreicht, das nur noch wenige Kilometer von Marseille entfernt liegt. Einen Ausflug mit dem Boot oder zu Fuß zu den wildromantischen Calanques in der Nähe sollte man sich nicht entgehen lassen.

Tour in der Region

Von Sanary nach Cassis

Route: Sanary-sur-Mer › Bandol › La Ciotat › Cap Canaille › Cassis › Les Calanques

Karte: Seite 140
Dauer: 2 Tage, ca. 40 km.
Praktische Hinweise:
- Vor allem für die Panoramastraße am Cap Canaille ist es am besten, mit dem Auto zu fahren.
- Die Busse von Varlib (www.varlib. fr, Tel. 04 94 24 60 00) verkehren bis La Ciotat.

Die Calanque Port-Pin bei Cassis

Tour-Start:

Von seiner Vergangenheit als Exil deutscher Literaten in den 1930er-Jahren zehrt **Sanary-sur-Mer** 2 › S. 141 heute sicher weniger als von seiner idyllischen Küstenlage. Mehr auf den Massentourismus ausgerichtet ist das benachbarte **Bandol** 3 › S. 143, auch bekannt für seine hochwertigen AOC-Weine. Auf dem Weg nach **La Ciotat** 4 › S. 144 verlässt man das Département Var. Die großen Werftanlagen stören das Bild, doch die noch kaum restaurierte Hafenfront von La Ciotat hat Charme. Herausgeputzte Kulissen wie in vielen anderen Küstenorten an der Côte d'Azur sucht man hier vergebens. Eine spektakuläre Naturszenerie ist auf der Straße an der Steilküste des **Cap Canaille** › S. 144 garantiert, die schließlich nach **Cassis** 5 › S. 144 führt. Der Bilderbuchhafen mit seinen vielen Kneipen und Restaurants ist ein idealer Übernachtungsstandort.

Der nächste Tag sollte ganz der Erkundung der **Calanques** › S. 144 gewidmet werden. Entweder erreicht man diese tiefen Einschnitte in der felsige Küstenkante mit einem der unzähligen Ausflugsboote oder aber zu Fuß, immer dem Hinweisschild zu den Calanques folgend. Den Abend auf einer Terrasse im Hafen von Cassis zu verbringen, gehört zu den Höhepunkten einer jeden Reise an die Côte d'Azur.

Unterwegs im Westen

Toulon 1 [C5]

Schon unter Ludwig XIV. entwickelte sich Toulon zu einem wichtigen Flottenstützpunkt, und noch heute ist die Marine der erste Arbeitgeber der Region. Während des Zweiten Weltkriegs wurden große Teile der Altstadt zerstört. Heute ist Toulon (knapp 170 000 Einw.) eine fröhliche Hafenstadt; viele Häuser wurden originalgetreu wiederaufgebaut. Besonders hübsch ist die Altstadt mit engen Gassen, kleinen Läden und Lokalen sowie dem morgendlichen ! Markt auf dem Cours Lafayette und in der Fischmarkthalle **La Poissonnerie**. Seemännische

Unterwegs an der westlichen Côte d'Azur

Tour (14)   **Von Sanary nach Cassis**
Sanary-sur-Mer › Bandol › La Ciotat › Cap Canaille › Cassis › Les Calanques

Atmosphäre herrscht am Alten Hafenbecken, der *darse vieille*.

In der nahen Kirche **Ste-Marie-Majeure**, im 11. Jh. erbaut und im 17. Jh. umgestaltet, steht eine goldene Madonna, die 1660 als Notre-Dame-de-la-Paix in Erinnerung an den Pyrenäenfrieden von 1654 aufgestellt wurde. Im **Musée de la Marine** sind Zeugnisse der maritimen Vergangenheit der Stadt zu sehen (Pl. Monsenergue, www.musee-marine.fr/toulon; tgl. außer Di 10–18 Uhr, Juli/Aug. tgl.).

Auf den 584 m hohen **Mont Faron,** der einen grandiosen Blick über die Bucht von Toulon bietet, führt eine Seilbahn (www.telepherique-faron.com, Mai–Sept. tgl. 10 bis 19, Juli/Aug. bis 20 Uhr, sonst kürzer, kein Betrieb Dez./Jan. und bei starkem Wind). Oben dokumentiert das **Musée Memorial du Débarquement** die Landung der Alliierten im August 1944 und die anschließenden Kämpfe (tgl. 10 bis 12.30, 14–17.15, April–Okt. bis 19.15 Uhr, Juli/Aug. durchgehend).

Info

Office de Tourisme
• 12, rue Loius Blanc
  83000 Toulon | Tel. 04 94 18 53 00
  www.toulontourisme.com

Restaurants

Bistrot des Remparts €€€
Klassiker der französischen Küche von der Foie Gras bis zur Andouillette, täglich auch frischer Fisch. Mittags geöffnet, nur Fr/Sa auch abends. Mo geschl.
• 1, place Armand Vallé | Toulon
  Tel. 04 94 92 25 17

Der Hafen von Sanary-sur-Mer

Au Sourd €
Alteingesessenes Lokal, seit über 100 Jahren ausgezeichnete Fischspezialitäten.
So/Mo geschl.
• 10, rue Molière | Toulon
  Tel. 04 94 92 28 52 | www.ausourd.com

Sanary-sur-Mer **2** [C5]

Das hübsche Hafenstädtchen (18 000 Einw.) wurde vor dem Zweiten Weltkrieg zum Exil für deutsche Schriftsteller, die vor den Nationalsozialisten flohen › S. 142. Ein etwa 6 km langer Spazierweg mit rund 40 Tafeln informiert über das Leben der berühmten Flüchtlinge.

Erste Anlaufstation der Emigranten etwa war das **Hôtel de la Tour** am Hafen, zum Gedankenaustausch traf man sich im Café de la Marine am Quai Général de Gaulle. Die Villa von Lion Feuchtwanger steht am Boulevard Beausoleil. Die **Mediatheque** (rue Robert Schumann) zeigt Kopien von zeitgenössischen Dokumenten und Fotos.

Heute ist Sanary ein ruhiger Urlaubsort mit Nobelvillen, versteckt im Grünen. Die gepflegte breite Uferpromenade, gesäumt von unzähligen Restaurants und Bars, dient vor allem an Wochenenden als beliebte Flaniermeile.

Info
Office de Tourisme
- 1, quai du Levant
  BP 24 | 83110 Sanary-sur-Mer
  Tel. 04 94 74 01 04
  www.sanary-tourisme.com

Hotels
Hotel de la Tour €€–€€€
Für die eher altmodisch eingerichteten Zimmer entschädigt die schöne Lage direkt am Hafen.
- 24, quai Général de Gaulle
  Sanary-sur-Mer | Tel. 04 94 74 10 10
  www.sanary-hoteldelatour.com

Bon Abri €€
Familiäres, ruhig gelegenes Hotel mit Restaurant und ❗ schönem Garten.
- 94, ave. des Poilus (Ecke rue Pasteur)
  Sanary-sur-Mer | Tel. 04 94 74 02 81
  www.sanary-hotel-bon-abri.com

Grand Hotel des Bains €€–€€€
Frisch renoviertes, geschmackvoll eingerichtetes Hotel. Parken und Wi-Fi gratis.
- 25, bd. d'Estienne d'Orves
  Sanary-sur-Mer |Tel. 04 94 74 13 47
  www.hotel-sanary.com

Restaurants
L'évidence €€
Kreative Küche eines jungen, ambitionierten Kochs. So abends und Mo geschl.
- 10, place Albert Cavet
  Sanary-sur-Mer | Tel. 04 94 88 41 60
  www.l-evidence-sanary.fr

Le Bardo €€
Nach einem romantischen Dîner bei Sonnenuntergang geht's hier gleich mit Musik in einer angesagten Bar weiter.
- Plage de Portissol | Sanary-sur-Mer
  www.le-bardo.com | Tel. 04 94 88 42 56

SEITENBLICK

Deutsche Literaten im Exil an der Côte d'Azur
Sanary wurde in den 1930er-Jahren zu einer Enklave deutschen Geisteslebens. Nach den Bücherverbrennungen in Berlin flüchtete zunächst Thomas Mann 1933 dorthin. Ihm folgten Lion Feuchtwanger, der in seiner Villa am Boulevard Beausoleil 1933 den Roman »Die Geschwister Oppermann« verfasste, Heinrich Mann, der an »Henri IV.« schrieb, Klaus und Erika Mann, Ernst Bloch, Franz Werfel, Joseph Roth, Alfred Kerr und zeitweise auch Bert Brecht. Die deutschen Literaten trafen sich in dem kleinen Café de la Marine am Hafen. Zwischen Hoffnung und Resignation versuchte man sich dort gegenseitig Mut zuzusprechen. Im Mai 1940 musste jedoch das bis dahin sichere Exil aufgegeben werden; Feuchtwanger, Heinrich und Golo Mann sowie Franz Werfel gelangten schließlich in einer von Amerika aus organisierten Rettungsaktion im September 1940 in die USA.

La Rencontre €
Rustikales, sympathisches Bistro mit einfacher Küche und einer großen Weinauswahl.
- 32, rue Siat Marcellin
  Sanary-sur-Mer | Tel. 04 94 88 32 55

Bandol 3 [C5]

Villen aus dem 19. Jh. neben modernen Neubauten, dazwischen Kneipen, Läden und Boutiquen – der beliebte und lebhafte Ferienort Bandol ist eine Mischung aus Alt und Neu. Fels- oder Sandstrände laden zum Bad; der schönste Sandstrand ist die **Plage de Renecros.** Bei einem guten Glas Bandol-Wein, der im weiten Umkreis um den Küstenort produziert wird, genießt man in der Bar Les Palmiers am westlichen Ende des Jachthafens den Blick auf die Jachten im Hafenbecken oder beobachtet die unter Schirmpinien spielenden Boulespieler.

Es sind nur 10 Min. mit dem ganzjährig verkehrenden Linienboot von Bandol bis zur Felseninsel **Île de Bendor,** die der Pastis-Produzent Paul Ricard in ein Ferienzentrum verwandelte. Strand, Hafen, ein provenzalisches Dorf mit Kunstgewerbeläden sowie Freizeitmöglichkeiten von Tauchen bis Tennis machen die Insel zu einem reizvollen Urlaubsziel.

Info
Office de Tourisme
- Allée Vivien
  83150 Bandol
  Tel. 04 94 29 41 35
  www.bandoltourisme.fr

Hotels
Le Delos €€€
Stilvolles, kleines Hotel auf der vorgelagerten Insel Bendor mit exquisitem Restaurant, eine Oase der Stille.
- Île de Bendor | Bandol
  Tel. 04 94 05 90 90
  www.lesilespaulricard.com/hebergement/hotel-delos

Hotel Île Rousse €€€
Moderne Nobelherberge am Strand.
- 25, bd. Louis Lumière | Bandol
  Tel. 04 94 29 33 00
  www.ile-rousse.com

Restaurants
L'Espérance €€€
Familiär geführtes Restaurant an der Strandpromenade mit Michelinempfehlung.
- 21, rue du Docteur Louis Marçon
  Bandol | Tel. 04 94 05 85 29
  www.lesperance-bandol.com

Auberge du Port €
Die Auberge ist bekannt für ihre Fischgerichte.
- 9, allée J. Moulin | Bandol
  Tel. 04 94 29 42 63
  www.auberge-du-port.com

Shopping
Château de Pibarnon
Auf dem Gut nördlich von Bandol kann man mitten in den Rebbergen die feinen Weine der AOC Bandol probieren und natürlich auch kaufen (Mo–Sa 9–12, 14–18 Uhr).
- 410, chemin de la Croix des Signaux
  83740 La Cadière d'Azur
  Tel. 04 94 90 12 73
  www.pibarnon.com

La Ciotat 4 [B5]

Die Hafenstadt (33 000 Einw.), die von einem markanten Felsen, dem Cap de l'Aigle (Adlerkopf), überragt wird, versucht aus der Not eine Tugend zu machen. Seit die Werften schließen mussten, sorgen die Ankerplätze im Freizeithafen und die schönen Strände des Badeorts **La Ciotat-Plage** dafür, dass der Tourismus das Loch in der Stadtkasse füllt.

Info

Office de Tourisme
- Bd. Anatole France
  13600 La Ciotat | Tel. 04 42 08 61 32
  www.tourisme-laciotat.com

Café

Des Côtés Cafés
Mitten in der Altstadt gibt es hier Kaffee oder Tee, Schokolade und Kuchen. Di–Sa
- Place Sadi Carnot | La Ciotat
- www.descotescafes.com

Cap Canaille [B5]

Zwischen La Ciotat und Cassis liegt eine atemberaubende Panoramastraße, die bei starkem Wind jedoch meist für den Autoverkehr geschlossen wird. Auf dieser Route des Crêtes erreicht man das Cap Canaille, dessen fast 400 m steil zum Meer abfallenden Felswände die höchsten Frankreichs sind. Den Aussichtspunkt bei der Signalanlage (*sémaphore*) sollte man nicht verpassen. Vorsicht ist jedoch an der Felskante geboten. Ein plötzlicher Windstoß kann hier zum Verhängnis werden.

Cassis und die Calanques 5 ⭐ [B5]

Der Name ist fast schon Programm: So sollte man sich am malerischen Hafen einen *Kir royal*, einen Champagner mit Crème de Cassis, gönnen und dabei das bunte Treiben rund um die Fischerboote und Jachten beobachten.   Traditionsverbunden wirkt der Badeort im Schutz der Berghänge, überragt von einer Burgruine. Im Zentrum liegt der Fischereihafen, durch die gewundenen Gassen zwängt sich der Verkehr.

Cassis ist der Ausgangspunkt für Ausflüge in die **Calanques,** zerklüftete, fjordähnliche Buchten. Die drei Calanques im Westen, Port-Miou, der Nudistentreffpunkt Port-Pin und En-Vau, die bizarrste von allen mit einem kleinem Strand, erreicht man per Ausflugsboot vom Hafen aus oder zu Fuß in 1–3 Std. 2012 wurde das gesamte Areal Nationalpark, verständlich beim Blick auf die schroffen Felsformationen, die vom blauen Meer umspült werden. (Bootsfahrten bietet »La Visite des Calanques« an, Tel. 04 42 01 03 31, www.lavisitedescalanques.com.)

Info

Office de Tourisme
- Quai des Moulins | 13260 Cassis
  Tel. 08 92 39 01 03
  www.ot-cassis.com

Hotels

Hôtel La Rade €€€
Modern, mit gehobenem Standard. Mindestaufenthalt 2 Tage.

• 1, ave. des Dardanelles (Route des Calanques) | Tel. 04 42 01 02 97
www.bestwestern-cassis.com/de

Hotel Cassitel €€
Einfaches, aber ideal gelegenes Hotel in Hafennähe.
• Pl. Clémenceau | Cassis
   Tel. 04 42 01 83 44 | www.cassitel.com

Hotel Laurence €–€€
Das oberste Zimmer hat eine eigene Terrasse mit herrlichem Hafenblick.
• 8, rue de l'Arène | Cassis
   Tel. 04 42 01 88 78
   www.cassis-hotel-laurence.com

Restaurants
Nino €€
❗ Modernes Fischrestaurant am Hafen mit innovativer Küche.
• 1, quai Barthélémy | Cassis
   Tel. 04 42 01 08 16
   www.restaurant-romano.com

La Poissonnerie Laurent €€
Für Fischfreunde ❗ seit über 60 Jahren eine Institution in Cassis.
• 5, quai Barthélémy | Cassis
   Tel. 04 42 01 71 56

St-Maximin-la-Ste-Baume 6 [C4]

Nachdem der Legende nach Maria Magdalena bei Stes-Maries-de-la-Mer in der Camargue an Land gespült worden war, soll sie bis zu ihrem Tod in einer Grotte in St-Maximin-la-Ste-Baume (15 000 Einw.) gelebt und mit dem hl. Maximin, dem ersten Bischof von Aix-en-Pro-

Statue der Maria Magdalena in der Grotte von St-Maximin

vence, gepredigt haben. Als sich der Ort zu einem Wallfahrtsziel entwickelte, begann man 1279 mit dem Bau der **Basilique de Ste-Madeleine.**

Die Kathedrale, eines der schönsten Beispiele provenzalischer Gotik, birgt eine Vielzahl bedeutender Kunstwerke, z. B. »Le Chape de St-Louis d'Anjou« aus dem 13. Jh., ein Seidenumhang mit reicher Goldstickerei, der das Leben von Maria und Christus darstellt. Sehenswert sind auch der Rosenkranzaltar und die Rokoko-Orgel (beide 18. Jh.). Die 22 Altartafeln des Passionsaltars schildern eindrucksvoll den Leidensweg Christi. Die Krypta ist vermutlich die Grabkammer einer römischen Villa, zwei der Sarkophage aus dem 5. Jh. sollen die sterblichen Reste von Magdalena und Maximin bergen. Der Schädel der Heiligen – so heißt es – wird in einem 1860 gefertigten Reliquiar aufbewahrt.

EXTRA-
TOUREN

Mondäne Küste und einsames Hinterland in einer Woche

Route: Menton › Roquebrune-Cap-Martin › La Turbie › Eze › Nizza › Antibes › Cannes › Grasse › Comps-sur-Artuby › Corniche Sublime › Grand Canyon du Verdon › Aiguines › Moustiers-Ste-Marie › Route des Crêtes › Castellane › Vence › St-Paul-de-Vence › Nizza

Karte: Klappe hinten
Distanzen:
Menton › Nizza 35 km; Nizza › Grasse 55 km; Grasse › Moustiers-Ste-Marie 120 km; Moustiers-Ste-Marie › Castellane 55 km; Castellane › Nizza 120 km.
Verkehrsmittel:
Die Tour sollte mit dem Auto unternommen werden, da die beiden spektakulären Panoramastraßen um den Grand Canyon du Verdon nicht anders zu erreichen sind. Lediglich zwischen Nizza und Cannes stellt der Zug eine Alternative dar.

Von der Zitronenstadt **Menton** › S. 80 mit ihren auch im Winter milden Temperaturen windet sich die Basse Corniche an der Halbinsel **Cap Martin** › S. 83 vorbei. Im höher gelegenen **Haut-Roquebrune** › S. 83 bieten sich erste herrliche Ausblicke auf die Küste. Über die Grande Corniche gelangt man nach **La Turbie** › S. 84 mit seinem römischen Siegesdenkmal, das hier seit 6 v. Chr. an die Unterwerfung der Alpenstämme erinnert. Der Blick hinunter auf das Fürstentum Monaco ist atemberaubend. Gleich hinter La Turbie zweigt eine Verbindung zur Moyenne Corniche ab, über die man ins Bergdorf **Eze** › S. 84 gelangt. Beim Schlendern durch die mittelalterlichen Gassen bieten sich immer wieder großartige Panoramablicke auf das leuchtend blaue Mittelmeer.

Abends fährt man hinunter nach **Nizza** › S. 52, für das man sich zwei ganze Tage Zeit nehmen sollte. Weit öffnet sich hier die Küste zur Engelsbucht, an der die lange Promenade des Anglais zum Flanieren einlädt. Auch die Altstadt gehört zum Schönsten, was die Côte d'Azur zu bieten hat. Am vierten Tag geht es weiter Richtung Westen. **Antibes** › S. 101 und **Cannes** › S. 94 sind zwar an den Rändern zusammengewachsen, könnten jedoch unterschiedlicher nicht sein. Die Altstadt von Antibes liegt auf einem ins Meer hinausgreifenden Felsen. Bekrönt wird sie vom **Picasso-Museum** in der ehemaligen Grimaldi-Burg. Die Croisette von Cannes, alljährlich im Mai die Spielwiese von Filmstars und -sternchen, prahlt mit ihrem breiten, feinkörnigen Sandstrand.

Küstenlandschaft an der Route des Crêtes von La Ciotat nach Cassis

Auf dem Weg ins Hinterland wird es allmählich ruhiger. **Grasse** › S. 106, Hauptstadt der Düfte und Ziel des Tages, liegt schon abseits des Küstentrubels. Nach dem Frühstück führt der Weg hinauf in die einsame Hochprovence. Über **Comps-sur-Artuby** [E3] erreicht man die **Corniche Sublime** › S. 110, die kurvenreiche Panoramastraße, die auf der Südseite des **Grand Canyon du Verdon** › S. 110 entlangführt. In **Aiguines** › S. 112 fällt sofort das stattliche Renaissanceschloss ins Auge, das den kleinen Ort überragt. Ein rauschender Wildbach empfängt die Besucher in **Moustiers-Ste-Marie** › S. 112, wo seit Jahrhunderten feinste Keramik produziert wird. Die romantische Kulisse bietet sich für eine Übernachtung an. Am sechsten Tag wird die Fahrtstrecke erneut spektakulär. Auf der Nordseite des Grand Canyon du Verdon wurde die **Route des Crêtes** › S. 112 aus dem Felsen gehauen. Wer ausgiebig wandern möchte, der kann hier in die Tiefe hinabsteigen. **Castellane** › S. 110 ist ein ideales Etappenziel für eine Nacht. Am Morgen geht es nach **Vence** › S. 109, wo die nahe Küste wieder zu spüren ist. Die mediterrane Altstadt zog schon den Maler Henri Matisse in ihren Bann. Bei **St-Paul-de-Vence** › S. 105, dem pittoresken Künstlerdorf, fasziniert eine der weltweit bedeutendsten Kunstsammlungen, die **Fondation Maeght**. Wo ließe sich diese Tour besser beschließen als in der Metropole **Nizza** › S. 52?

Küstengebirge, Inseln und Calanques in neun Tagen

Route: Cannes › **Corniche de l'Esterel** › **Fréjus** › **St-Tropez** › **Le Lavandou** › **Hyères** › **Îles d'Hyères** › **Toulon** › **Sanary-sur-Mer** › **Bandol** › **La Ciotat** › **Cassis** › **St-Maximin-la-Ste-Baume** › **Massif des Maures** › **Collobrières** › **Grimaud**

Karte: Klappe hinten

Distanzen:

Cannes › **St-Tropez** 85 km; **St-Tropez** › **Hyères** 60 km; **Hyères** › **Sanary-sur-Mer** 40 km; **Sanary-sur-Mer** › **Cassis** 40 km; **Cassis** › **Collobrières** 130 km; **Collobrières** › **Grimaud** 50 km.

Verkehrsmittel:

Das eigene Fahrzeug oder ein Mietwagen eignet sich für diese Tour am besten. Die wenig befahrene, sehr kurvige Straße im Massif des Maures ist ein Mekka für rennradbegeisterte Franzosen. Infos zu den Fährverbindungen auf die Îles d'Hyères › S. 137, zu den Ausflugsbooten in die Calanques von Cassis › S. 144.

Glamour und Hektik des mondänen **Cannes** › S. 94 sind schnell vergessen, wenn die **Corniche de l'Esterel** › S. 125 hinter **Théoule-sur-Mer** › S. 124 den Blick auf das rot schimmernde Küstengebirge **Massif de l'Esterel** freigibt.

Ruine der Kirche von Collobrières im Massif des Maures

Schon Guy de Maupassant schwärmte vom Kontrast zwischen dem Blau des Meeres und dem Rot des Gesteins. Im Seebad **St-Raphaël** › S. 125 ist es allerdings mit der Einsamkeit schon wieder vorbei; Strände bestimmen das Bild.

Der kurze Abstecher ins Landesinnere nach **Fréjus** › S. 126 lohnt sich für die Besichtigung des mittelalterlichen Kathedralbezirks. Südlich von Fréjus türmt sich das **Massif des Maures** auf. Spätestens bei **Ste-Maxime** › S. 128 kommt die gegenüberliegende Halbinsel mit **St-Tropez** › S. 129 in Sicht. Außerhalb der Sommersaison, in der sich die Luxusjachten am Kai drängeln und die Preise ins Unermessliche steigen, hat die Hafenstadt immer noch viel Charme, sodass man gerne zwei Nächte dableibt. Die Strände der Halbinsel gehören zu den schönsten der Côte d'Azur. Auch am dritten Tag locken in **Le Lavandou** › S. 134 von Palmen gesäumte Strände; am Horizont kann man die Îles d'Hyères gleichsam im Meer schwimmen sehen. Oberhalb von Le Lavandou liegt der hübsche und viel ruhigere Ort **Bormes-les-Mimosas** › S. 135, dessen Name andeutet, was sich dort im Februar entdecken und bewundern lässt: die kräftig gelben Blüten der Mimosenbäume. Ebenfalls auf einem Hügel liegt die sorgsam restaurierte Altstadt von **Hyères** › S. 135. Quartieren Sie sich hier für zwei Nächte ein, dann bleibt Ihnen ausreichend Zeit, um am folgenden Tag die **Îles d'Hyères** › S. 137 zu erkunden.

Mit **Toulon** › S. 140 ist am fünften Tag die zweitgrößte Stadt an der Côte d'Azur erreicht, die Nizza an Attraktivität jedoch nicht das Wasser reichen kann. Weiter westlich liegt **Sanary-sur-Mer** › S. 141, bevorzugte Zuflucht deutscher Exilanten in den 1930er-Jahren. Hier lässt sich gut ein Nachtquartier finden. Weinfreunden ist das benachbarte **Bandol** › S. 143 ein Begriff. Vorbei an **La Ciotat** › S. 144 führt der Weg tags darauf ins malerisch in einer kleinen Bucht gelegene Etappenziel **Cassis** › S. 144. Nach dem Frühstück sollte man einen Tagesausflug zu den nahen **Calanques** › S. 144 einplanen.

Die nächste Etappe führt ins Landesinnere. In **St-Maximin-la-Ste-Baume** › S. 145 steht das größte gotische Kirchengebäude der Provence, das die

Stadtsilhouette deutlich überragt. In der Basilika werden die Reliquien der Maria Magdalena aufbewahrt, die sich in einer Höhle in den nahen Bergen versteckt haben soll.

Die Einsamkeit des Mauren-Massivs erschließt sich bei der kurvenreichen Fahrt nach **Collobrières** › S. 133, das sich als Hauptort des dicht bewaldeten Gebirges vermarktet. An einem Flüsschen gelegen, lebt Collobrières von Rast suchenden Wanderern und der Herstellung von Maronenspezialitäten – der ideale Ort, um hier eine Nacht in den Bergen zu verbringen. Am folgenden Tag endet die Tour im stillen **Grimaud** › S. 129, ein beliebter Ort für exklusive Zweitwohnsitze. An den Ausläufern des Massif des Maures gelegen, ist St-Tropez ganz in der Nähe.

 # Mit dem Zug von Menton bis Digne in vier Tagen

Route: Menton › Monaco › Beaulieu-sur-Mer › Villefranche-sur-Mer › Nizza › Puget-Théniers › Entrevaux › Annot › Digne-les-Bains › Nizza

Karte: Klappe hinten

Distanzen:
Menton › **Nizza** 35 km, 40 Min. mit dem Zug; **Nizza** › **Entrevaux** 75 km, 1,5 Std.; **Entrevaux** › **Digne-les-Bains** 85 km, 2 Std.; **Digne-les-Bains** › **Nizza** 160 km, 3,5 Std.

Verkehrsmittel:
Zwischen Menton und Nizza verkehrt halbstündig ein Regionalexpress (neun Haltestellen). Von Nizza nach Digne fährt viermal tgl. der **Train des Pignes** (Infos zum »Pinienzapfenzug«: www.trainprovence.com, Tel. 04 97 03 80 80). Er verlässt Nizza um 6.55, 9.25, 13.05 und 17.15 Uhr (ab Digne 7.15, 10.45, 14.25 und 17.35 Uhr). Für Nostalgiker befährt zudem an Wochenenden zwischen Mai und Okt. ein historischer Zug mit Dampflok die Teilstrecke von Puget-Théniers nach Annot bzw. von Villars-sur-Var nach Puget-Théniers. Die Anschlüsse sind auf den regulären »Pinienzapfenzug« abgestimmt. Infos: www.traindespignes.fr (auch dt.).

Beim Anblick der unzähligen Autos, die sich tagtäglich an der Côte d'Azur entlangwälzen, ist der Gedanke nicht abwegig, die Eisenbahn zu wählen, um die blaue Küste und ihr stilles Hinterland entspannt aus einer anderen Perspektive zu erkunden.

In **Menton** › S. 80 stehen noch viele der Hotelbauten aus dem späten 19. Jh., als die Stadt mit ihrem Eisenbahnanschluss erstmals Wintergäste aus dem Norden anlockte. Hier beginnt die Zugfahrt in Richtung Nizza. Zwischen **Cap Martin** › S. 83 und der Grenze zum Fürstentum **Monaco** › S. 70 folgt der Zug direkt der Küstenlinie. Näher kommt auch kein Auto dem in der Sonne glitzernden Wasserspiegel. In Monaco dann verschwindet die Eisenbahnlinie im steinernen Untergrund mit ultramodernem Bahnhof. Zwischen **Cap d'Ail** › **S. 79** und **Eze-sur-Mer** gleitet der Zug wieder am Wasser entlang. Bereits vom kleinen, aber feinen Hafen **Beaulieu-sur-Mer** › **S. 79** aus ist das von prächtigen Villen besetzte **Cap Ferrat** › **S. 77** zu erkennen. In **Villefranche-sur-Mer** › **S. 77** scheinen die ankernden Boote vom Zug aus zum Greifen nahe zu sein. Schließlich ist **Nizza** › **S. 52** erreicht, wo in einem der vielen Hotels übernachtet wird.

Der Train des Pignes auf einem seiner vielen Viadukte

Von einem eigenen Bahnhof in Nizza aus betreibt die Eisenbahngesellschaft Chemin de Fer de Provence eine ganz besondere Zugstrecke ins 160 km entfernte Digne. Nach über 20-jähriger Bauzeit wurde 1911 die einspurige Strecke eröffnet. **Train des Pignes,** Pinienzapfenzug, wird der hier eingesetzte Zug liebevoll genannt, weil früher seiner Dampflokomotive auch mit Pinienzapfen vom Wegesrand eingeheizt worden sein soll. Viele Einwohner nutzen die Verbindung tagtäglich, um zur Arbeit in den Vororten Nizzas zu kommen. Dem Verlauf des Flusses Var folgend, leert sich der Zug allmählich von Berufspendlern. Über 1000 Höhenmeter wird die Bahn bis zu ihrem Ziel in Digne zurücklegen. Nach eineinhalb Stunden ist **Puget-Théniers** › **S. 115** erreicht. Steigen Sie ruhig aus für einen Bummel. Der nächste Zug für die Weiterfahrt kommt bestimmt. Von Puget-Théniers startet außerdem saisonal ein von einer Dampflok gezogener Nostalgiezug auf einer Teilstrecke – um den Erhalt kümmert sich ein Liebhaberverein.

Kurz vor dem 700 Seelen zählenden Ort **Entrevaux** › **S. 114** ist das Département Alpes-de-Haute-Provence erreicht – und auch das Etappenziel für diesen Tag. Das heute autofreie Entrevaux wurde im 17. Jh. zum Festungsort ausgebaut, da es an der Grenze zu Savoyen lag. Am nächsten Vormittag beginnt dann der schönste Teil der Tour, die Gebirgsstrecke nach **Annot**. Eine weite Schienenschleife bei Le Fugeret ist notwendig, um den Anstieg meistern zu können. Nach einem langen Tunnel trifft die Bahnlinie jetzt auf den von Norden kommenden Fluss Verdon. Bei **Barrême** folgt sie dann der berühmten **Route Napoléon,** auf der der entmachtete Kaiser 1815 von Elba kommend Paris – und auch Waterloo – entgegenmarschierte. Endstation ist **Digne-les-Bains** › **S. 114**, wo seit der Römerzeit Thermalquellen genutzt werden. Im Kurort Digne finden sich zahlreiche Hotels für diese Nacht. Am folgenden Morgen geht es mit dem Train des Pignes zurück nach Nizza.

Infos von A–Z

Ärztliche Versorgung

Mit der Europäischen Krankenversichertenkarte (EHIC) kann man in Frankreich einen Arzt aufsuchen. Die Kosten sind meist vorzustrecken und werden in einem komplizierten Verfahren gegen Vorlage der Quittung *(feuille de soins)* erstattet.

Da die EHIC nur eine Grundversorgung abdeckt und im Notfall keinen Krankenrücktransport gewährleistet, ist es immer ratsam, eine zusätzliche private Auslandskrankenversicherung abzuschließen. In allen großen Krankenhäusern wird Englisch zumindest verstanden. Apotheken *(pharmacies)* sind am grünen Kreuz zu erkennen.

Barrierefreies Reisen

Nützliche Infos für Reisende mit Behinderung hält der Verein »Tourisme & Handicaps« bereit (www.tourisme-handicaps.org). Informationen gibt es auch auf der Internetseite des französischen Fremdenverkehrsbüros (http://de.france.fr/de/barrierefreier-urlaub).

Diplomatische Vertretungen

- **Deutschland**
  24, rue Marbeau, 75116 Paris,
  Tel. 01 53 83 45 00
  www.allemagneenfrance.diplo.de
  Generalkonsulat: 10, pl. de la Joliette – Les Docks, Hôtel de Direction, 13002 Marseille, Tel. 04 91 16 75 20
  www.marseille.diplo.de
- **Österreich**
  6, rue Fabert, 75007 Paris
  Tel. 01 40 63 30 63
  www.bmeia.gv.at/oeb-paris
  Honorarkonsulat: 5, rue de la Préfecture, 06300 Nice
  Tel. 04 93 87 01 31,
  consulat.autriche@wanadoo.fr

- **Schweiz**
  142, rue de Grenelle, 75007 Paris,
  Tel. 01 49 55 67 00
  www.eda.admin.ch/paris
  Generalkonsulat: 7, rue d'Arcole, 13006 Marseille,
  Tel. 04 96 10 14 10
  mar.vertretung@eda.admin.ch

Einreise

EU-Bürger benötigen seit der Öffnung der europäischen Grenzen nur noch einen gültigen Personalausweis oder Reisepass, Kinder benötigen ein eigenes Reisedokument. Für Autofahrer reichen der nationale Führerschein und die Zulassung. Schweizer Staatsbürger benötigen einen gültigen Reisepass oder eine Identitätskarte.

Feiertage

- 1. Januar – Neujahr *(Jour de l'an)*
- Ostermontag *(Lundi de Pâques)*
- 1. Mai – Tag der Arbeit
  (Fête du travail)
- 8. Mai – Tag des Sieges 1945
  (Fête de la victoire)
- Christi Himmelfahrt *(Ascension)*
- Pfingstmontag *(Lundi de pentecôte)*
- 14. Juli – Nationalfeiertag
  (Fête Nationale)
- 15. August – Maria Himmelfahrt
  (Assomption)
- 1. November – Allerheiligen
  (Toussaint)
- 11. November – Waffenstillstand
  1918 *(Armistice)*
- 25. Dezember – Weihnachten *(Noël)*

Geld & Kreditkarten

Das Bezahlen mit gängigen ausländischen Kreditkarten ist in Frankreich und Monaco weit verbreitet. An allen Geldautomaten *(guichet automatique)* mit dem Maestro-Zeichen lässt sich mit Bankkarte und PIN-Code Geld abheben. Banken haben meist Mo–Fr 9–13 und 14.30–17 Uhr geöffnet, größere Filialen durchgehend.

Haustiere

Im vorgeschriebenen EU-Heimtierpass müssen die Kennzeichnung des Tieres durch Mikrochip oder Tätowierung (vor Juli 2011) und eine gültige Tollwutimpfung eingetragen sein (Erstimpfung mindestens 21 Tage vor Grenzübertritt).

Information

Infos und Prospekte erhält man bei der französischen Zentrale für Tourismus (ATOUT FRANCE):

- **Deutschland:**
  Postfach 100128
  60001 Frankfurt/Main,
  info.de@france.fr, http://de.france.fr
- **Österreich:**
  Tel. 01/5 03 28 92 (gebührenfrei)
  Mo–Fr 9–16 Uhr
  info.at@ france.fr, http://at.france.fr
- **Schweiz:**
  info.ch@france.fr
- Das Tourismusbüro *(Office de Tourisme)* der Region Provence-Alpes-Côte-Azur in Marseille hält Informationen auch in deutscher Sprache bereit: Comité Régional de Tourisme Provence-Alpes-Côte d'Azur, Immeuble Le Noailles, 62–64, La Canebière, 13231 Marseille Cedex 01, Tel. 04 91 56 47 00, www.regionpaca.fr www.decouverte-paca.fr www.tourismepaca.fr
- Das monegassische Tourismusbüro bietet Informationen auch in deutscher Sprache auf seinem Internetportal an: www.visitmonaco.com/de
- Die alle zwei Monate erscheinende »RivieraZeit« (www.riviera-press.fr/zeit), erhältlich im Zeitschriftenhandel, bringt aktuelle Informationen über die Region in deutscher Sprache.

Internet

In den Touristenzentren bieten viele Bars und Restaurants Zugang zum Internet an, der unentgeltlich ist, aber meistens das Bestellen von Getränken voraussetzt. In den meisten Hotels hat sich der kostenlose Internetzugang über Wi-Fi mittlerweile durchgesetzt.

Museen

Öffnungszeiten: Viele Museen sind an Feiertagen geschlossen, insbesondere am 1.1, 1.5., und 25.12.

Mit dem **French Riviera Pass** (Chipkarte) hat man freien Eintritt zu Museen in Nizza, Antibes, Cagnes und Biot, in die exotischen Gärten von Eze und Monaco und kann mit dem Sightseeing-Doppeldeckerbus in Nizza fahren. Der Pass ist 1, 2 oder 3 Tage gültig für 26 €, 38 € oder 56 € (http://de.frenchriviera pass.com).

Die **Côte d'Azur Card** sichert an 3 Tagen während eines Zeitraums von 6 Tagen für 45 € freien Zugang zu vielen Aktivitäten (www.cotedazur-card.com).

Wer nur die **städtischen Museen in Nizza** ausgiebig besuchen möchte, der kann dies 24 Std. bzw. 7 Tage lang für

Urlaubskasse	
Tasse Kaffee	2,80 €
Softdrink	4 €
Glas Bier	4,50 €
Kugel Eis	2,50 €
Taxifahrt (Kurzstrecke, ca. 10–12 km)	ca. 20 €
Mietwagen/Tag (preisgünstigste Saison)	65 €
1 l Superbenzin	1,50 €

10 bzw. 20 € tun. Diese Tickets gibt es
an den Museumskassen.

Netzspannung

220 Volt. In Hotels braucht man in der
Regel keinen Adapter für deutsche und
österreichische Schukostecker, sonst
kann ein Adapter ggf. hilfreich sein.

Notrufnummern

Die EU-weit gültige Notrufnummer **112**
ist auch in Frankreich sowohl vom Fest-
netz als auch aus allen Mobilfunknet-
zen erreichbar. Darüber hinaus gelten:
• Notruf/Erste Hilfe *(SAMU)*: Tel. **15**
• Polizei *(police)*: Tel. **17**
• Feuerwehr *(pompiers):* Tel. **18**
• SOS Médecins (Arzt): Tel. **36 24**

Öffnungszeiten

• **Geschäfte** sind in der Regel Mo–Sa
von 9 bis mindestens 19 Uhr geöffnet. Einige kleine Läden, vor allem
der Lebensmitteleinzelhandel und
Geschäfte außerhalb der touristischen Zentren, schließen zwischen
13 und 16 Uhr.
• **Lebensmittelgeschäfte** sind auch
am So bis gegen 13 Uhr geöffnet,
dafür aber Mo geschlossen.
• **Kleinsupermärkte** *(superette)*
haben oft bis nach Mitternacht
geöffnet.
• **Kirchen** schließen häufig ihre Tore
zwischen 12 und 14 Uhr.
• **Postämter** haben Mo–Fr 8–19 Uhr,
Sa 8–12 Uhr geöffnet. Briefmarken
(timbres) können auch in Tabakläden
gekauft werden (rotes *tabac*-Schild).
Für Briefe und Postkarten nach Europa muss eine Briefmarke im Wert
von 1,10 € gekauft werden.

Rauchen

Das Rauchen in Restaurants, Bars und
anderen öffentlichen Einrichtungen ist
strengstens verboten.

Sicherheit

Autoeinbrüche und Diebstähle sind in
den touristischen Zentren Südfrankreichs keine Seltenheit. Grundsätzlich
sollte man keine Wertgegenstände im
Fahrzeug lassen. Das Auto stellt man
über Nacht besser auf einem bewach-
ten Parkplatz ab. Keinesfalls sollte man
in Wohnmobilen außerhalb der dafür
vorgesehenen Plätze übernachten.

Souvenirs

Neben Parfüms und Duftseifen aus
Grasse sind Töpferwaren aus Vallauris
und Glaswaren aus Biot beliebte Mit-
bringsel; außerdem Wein aus Cassis
oder Bandol, Olivenöl und Lavendel.

Telefon

Öffentliche Telefonzellen gibt nicht
mehr in Frankreich. Seit dem Wegfall
der Roaming-Gebühren innerhalb der
EU kann man mit dem Handy *(portable,
mobile)* zum Inlandstarif telefonieren.
Internationale Vorwahlen (dann je-
weils ohne die erste Null):
Deutschland: 0049, Österreich: 0043,
Schweiz: 0041, Frankreich: 0033,
Monaco: 00377

Trinkgeld

Trinkgeld *(pourboire)* wird auf dem
Tisch zurückgelassen. Bis zu 10% des
Rechnungsbetrags sind angemessen.

Zoll

• EU-Bürger können Waren für den per-
sönlichen Gebrauch und Geschenke
in unbegrenzter Menge ein- und aus-
führen (www.zoll.de, App: Zoll und
Reise bzw. www.bmf.gv.at/zoll).
• Schweizer dürfen max. 250 Zigaret-
ten oder 250 g Tabak, 5 l Alkoholika
bis 18 Vol.-% und 1 l über 18 Vol.-%
bzw. Waren im Wert von bis zu 300
CHF zollfrei mit nach Hause nehmen
(www.ch.ch/de/schweizer-zoll).

Register

Bildnachweis

Coverfoto: Hafen von Martigues © Huber Images/Jordan Banks
Fotos Umschlagrückseite: Huber Images/Tom Mackie (links); GlowImages/Bagros (Mitte); Wikipedia/Myosotismail (rechts)

APA Publications/Sylvaine Poiteau: 29, 61; APA Publications/James Wadey: 128; Catch-the-Day/Manfred Braunger: 22, 39, 109, 141; Corbis/Marc Dozier: 151; Corbis/Roland Gerth: 66; Fotolia/sonjanovak: 131; Fotolia/uolir: 115; GlowImages/Bagros: 132; GlowImages/ImageBROKER RM: 96; GlowImages/Rene van der Meer: 146; GlowImages/Superstock: 8-2; Gräfe & Unzer Verlag/Klaus-Maria Einwanger: 48; Huber Images/S. Damm: 20/21; Huber Images/Hans-Peter Huber: 118; Huber Images/Tom Mackie: 6/7; Huber Images/S. Racanello: U2-1; iStockphoto/lillisphotography: U2-4; istockphoto/Daniel Leppens: 35; Jahreszeitenverlag/GourmetPictureGuide: 14; laif/hemis.fr/Bertrand Gardel: 116, 134, 137; laif/REA/Ian Hanning: 17; laif/Keystone Schweiz: 41; laif/Iris Kuerschner: 87; laif/hemis.fr/Camille Moirenc: 13. 98; laif/hemis.fr/Bertrand Orteo: 36/37, 45, 103, 125; laif/hemis.fr/Jean-Daniel Sudres: 76; laif/Günter Standl: 32; laif/Hoa-Qui/Michel Troncy: 127; LOOK-foto/age fotostock: 113; LOOK-foto/Franz Marc Frei: 138; LOOK-foto/Ulli Seer: 27; LOOK-foto/The Travel Library: 64; mauritius images/Alamy/John Kellerman: 145; Musée océanographique de Monaco/Thierry Ameller: 72; Pixelio/Rainer Sturm: 111; Shutterstock/a katz: 41; Shutterstock/Arthur R: 23; Shutterstock/cristiano barni: 47; Shutterstock/Elena Elisseeva: 56, U2-2; Shutterstock/Paolo Evangelista: 101; Shutterstock/Rostislav Glinsky: 52; Shutterstock/Gaspar Janos: 31; Shutterstock/Jerbay: 58; Shutterstock/Andreas Jung: 149; Shutterstock/LilieGraphie: 77; Shutterstock/Giancarlo Liguori: 84; Shutterstock/MagSpace: 80; Shutterstock/Christian Musat: 141; Shutterstock/Martin M303: 50/51; Shutterstock/Pixeldom: U2-3; Shutterstock/trotalo: 105; Shutterstock/Katia Vasileva: 88; Shutterstock/Kiev.Victor: 43; Shutterstock/Vlada Photo: 74; Björn Stüben: 8-1, 9-1, 9-2, 10; Wikipedia/Markus Bernet CC BY-SA 2.5: 107; Wikipedia/Myosotismail CC BY-SA 3.0: 83.

Liebe Leserin, lieber Leser,
wir freuen uns, dass Sie sich für diesen POLYGLOTT on tour entschieden haben.
Unsere Autorinnen und Autoren sind für Sie unterwegs und recherchieren sehr gründlich,
damit Sie mit aktuellen und zuverlässigen Informationen auf Reisen gehen können.
Dennoch lassen sich Fehler nie ganz ausschließen. Wir bitten Sie um Verständnis, dass der
Verlag dafür keine Haftung übernehmen kann.

Ihre Meinung ist uns wichtig. Bitte schreiben Sie uns:
GRÄFE UND UNZER VERLAG
Postfach 86 03 66, 81630 München, Tel. 0 89/419 819 41
www.polyglott.de

LESERSERVICE
polyglott@graefe-und-unzer.de
Tel. 0 800/72 37 33 33 (gebührenfrei in D, A, CH), Mo–Do 9–17 Uhr, Fr 9–16 Uhr

1. aktualisierte Auflage 2018

© 2018 GRÄFE UND UNZER VERLAG
GmbH, München
Dieses Buch wurde auf chlorfrei gebleichtem
Papier gedruckt.
ISBN 978-3-8464-2036-2

**Bei Interesse an maßgeschneiderten
B2B-Editionen:**
gabriella.hoffmann@graefe-und-unzer.de

Bei Interesse an Anzeigen:
KV Kommunalverlag GmbH & Co KG
Tel. 089/928 09 60
info@kommunal-verlag.de

Redaktionsleitung: Grit Müller
Verlagsredaktion: Anne-Katrin Scheiter
Autor: Björn Stüben, Natalie John
Redaktion: Martin Waller
Bildredaktion: Ulrich Reißer und
Dr. Nafsika Mylona
Mini-Dolmetscher: Langenscheidt
Layoutkonzept/Titeldesign:
fpm factor product münchen
Karten und Pläne: Sybille Rachfall und
Kunth Verlag GmbH & Co. KG
Satz: Tim Schulz, Mainz
Herstellung: Anna Bäumner
Druck und Bindung:
Printer Trento, Italien

PEFC/18-31-S06

GRÄFE
UND
UNZER

Ein Unternehmen der
GANSKE VERLAGSGRUPPE

Mini-Dolmetscher Französisch

Allgemeines

Guten Tag.	Bonjour. [bõ**sehur**]
Hallo!	Salut! [ßa**lü**]
Wie geht's?	Ça va? [ßa **wa**]
Danke, gut.	Bien, merci. [bjẽ märßi]
Ich heiße ...	Je m'appelle ... [sehö ma**päll**]
Auf Wieder- sehen.	Au revoir. [o röwoar]
Morgen	matin [ma**tẽ**]
Nachmittag	après-midi [aprämi**di**]
Abend	soir [ßoar]
Nacht	nuit [nüi]
morgen	demain [dö**mẽ**]
heute	aujourd'hui [o~~sehur~~**düi**]
gestern	hier [jär]
Sprechen Sie Deutsch?	Parlez-vous allemand? [par**le** wu al**mã**]
Wie bitte?	Pardon? [par**dõ**]
Ich verstehe nicht.	Je ne comprends pas. [sehö nö kõ**prã** pa]
Sagen Sie es bitte nochmals.	Pourriez-vous répéter, s'il vous plaît? [pur**je** wu repe**te** ßil wu **plä**]
..., bitte.	..., s'il vous plaît. [ßil wu **plä**]
danke	merci [mär**ßi**]
Keine Ursache.	De rien. [dö **rjẽ**]
was / wer / welcher	quoi / qui / quel [koa / ki / käll]
wo / wohin	où [u]
wie / wie viel	comment / combien [ko**mã** / kõ**bjẽ**]
wann / wie lange	quand / combien de temps [kã / kõ**bjẽ** dö **tã**]
warum	pourquoi [pur**koa**]
Wie heißt das?	Comment ça s'appelle? [ko**mã** ßa ßa**päll**]
Wo ist ...?	Où est ...? [u ä]
Können Sie mir helfen?	Pouvez-vous m'aider? [pu**we** wu mä**de**]
ja	oui [ui]
nein	non [nõ]
Entschuldigen Sie.	Excusez-moi. [äkskü**se moa**]
Das macht nichts.	Ça ne fait rien. [ßa nö fä **rjẽ**]
Gibt es hier eine Touristen- information?	Est-ce qu'il y a une infor- mation touristique ici? [äskil**ja** ün ẽformaßjõ turis**tik** i**ßi**]
Haben Sie einen Stadt- plan?	Avez-vous un plan de la ville? [a**we** wus ẽ plã dö la wil]
geschlossen	fermé [fär**me**]

Shopping

Wo gibt es ...?	Où est-ce qu'il y a ...? [u äskil**ja**]
Wie viel kostet das?	Ça coûte combien? [ßa kut kõ**bjẽ**]
Das ist zu teuer.	C'est trop cher. [ßä tro **schär**]
Das gefällt mir. / Das ge- fällt mir nicht.	Ça me plaît. / Ça ne me plaît pas. [ßa mö **plä** / ßa nö mö plä **pa**]
Wo gibt es hier eine Bank?	Où est-ce qu'il y a une banque ici? [u äskil**ja** ün bäk i**ßi**]
Ich suche einen Geld- automaten.	Je cherche un guichet automatique. [~~sehö~~ schärsch ẽ gi**schä** otoma**tik**]
Geben Sie mir 100 g Käse.	Donnez-moi cent grammes de fromage. [do**ne** moa ßã gram dö fro**maseh**]
Haben Sie deutsche Zeitungen?	Avez-vous des journaux allemands? [a**we** wus de ~~sehur~~no al**mã**]

Essen und Trinken

Die Speise- karte, bitte.	La carte, s'il vous plaît. [la **kart** ßil wu **plä**]
Brot	pain [pẽ]
Kaffee	café [ka**fe**]
Tee	thé [te]
mit Milch / Zucker	au lait / sucre [o lä / ß**ük**rə]
Orangensaft	jus d'orange [~~sehü~~ dor**äseh**]
Suppe	soupe [ßup]
Fisch / Meeres- früchte	poisson / fruits de mer [poas**sõ** / frü dö **mär**]
Fleisch / Geflügel	viande / volaille [wjäd / wo**laj**]
Beilage	garniture [garni**tür**]
vegetarische Gerichte	cuisine végétarienne [küi**sin** we~~sehe~~tarj**änn**]
Eier	œufs [öh]
Salat	salade [ßa**lad**]
Dessert	dessert [des**sär**]
Obst	fruits [früi]
Eis	glace [glass]
Wein	vin [wẽ]
Bier	bière [bjär]
Aperitif	apéritif [aperi**tif**]
Wasser	eau [o]
Mineralwasser	eau minérale [o mine**ral**]
Limonade	limonade [limo**nad**]
Ich möchte bezahlen.	L'addition, s'il vous plaît. [ladiß**jõ** ßil wu **plä**]

Meine Entdeckungen

....

....

....

....

....

....

....

....

....

....

....

....

....

....

....

....

....

....

Clevere Kombination mit POLYGLOTT **Stickern**

Einfach Ihre eigenen Entdeckungen mit Stickern von 1–16 in der Karte markieren und hier eintragen. Teilen Sie Ihre Entdeckungen auf facebook.com/Polyglottreisewelt.

Checkliste
Côte d'Azur

Nur da gewesen oder schon entdeckt?

☐ **Gelassenheit unter Platanen**
Beim Pétanquespiel auf der **Place des Lices in St-Tropez** kehrt auf wundersame Weise innere Ruhe ein – selbst wenn man nur zusieht. › **S. 12**

☐ **Kleine »Fjorde« der Côte d'Azur**
Bei einer Bootsfahrt bei Cassis öffnen sich die **malerischen Calanques** als tiefe Küsteneinschnitte. › **S. 144**

☐ **Auf den Spuren einer extravaganten Baronin**
Die **Villa Ephrussi de Rothschild** mit ihren kunstvoll gestalteten Gärten schiebt sich wie der Bug eines Ozeandampfers auf die Halbinsel von Cap Ferrat. › **S. 78**

☐ **Aïoli: der Geschmack der Provence**
Das typische Gericht aus Gemüse, Ei, Fisch und der gleichnamigen Knoblauchcreme muss man probiert haben! › **S. 14**

☐ **Europäischer Grand Canyon**
Tosend durchzieht der smaragdgrüne Gebirgsfluss Verdon die bis zu 700 m tiefe Schlucht **Grand Canyon du Verdon**. › **S. 110**

☐ **Hoch hinaus**
Im **exotischen Garten in Eze** gibt es den spektakulärsten Rundumblick auf die Küste. › **S. 84**

☐ **Kunst in der Natur**
Was ist faszinierender: die Qualität der Kunstsammlung oder die Präsentation der Skulpturen im Park der **Fondation Maeght**? Ein echtes Highlight! › **S. 106**

Mitbringsel für daheim

Erstklassiges Olivenöl: In Menton von der Huilerie St. Michel, auch mit Zitronenaroma › **S. 16**

Glaskaraffe aus Biot: Mundgeblasener Wasserkrug für einen guten Pastis › **S. 104**